나는
매일
작은
성공을
합니다

DON'T THINK,

JUST DO!

나는
매일
작은
성공을
합니다

윤준 지음

무기력한 삶을 변화시키는 도전의 힘!

ɪNFLUENTIAL
인 플 루 엔 셜

혹시 아무런 의욕이 없고 삶이 무기력한가요?
우리는 늘 거창한 목표를 좇다 좌절합니다.
그렇다면 작은 성공에 도전해보는 것은 어떨까요?

아침 6시 기상, 일기 쓰기, 운동하기,
물 2리터 마시기, 미니멀리스트로 살기…….

한 달에 하나씩 쌓인 작은 성공이
인생의 큰 성공으로 이어질 거예요.

인생의 터닝포인트를 만들어준

작은 성공의 경험

2017년 12월, 대학교 3학년 2학기를 마치고 스물다섯 살을 앞둔 나는 휴학을 결심했다. 1년간 취업을 위해 자격증을 취득하고 공모전에 참여하며 스펙을 쌓기 위해서였다. 그렇게 2018년을 일주일 정도 앞두고 내년을 준비할 때, 한 가지를 깨달았다. 내가 어느 곳에도 소속되지 않고 스스로 일상을 이끌어야 하는 것은 태어나서 이번이 처음이라는 사실이었다. 당장 다음 주부터 내 모든 일상은 백지상태였다. 아무것도 하지 않을 수도, 무엇이든 할 수도 있었다. 선택권은 오롯이 내가 쥐고 있었다.

두려웠다. 누군가의 통제에서 벗어나 온전히 나 홀로 삶을 꾸려야 한다는 게 마치 사막 한가운데 떨어진 기분이었다.

어렵게 결정한 휴학이었기에 시간을 허투루 쓰고 싶진 않았다. 그래서 우선 일찍 일어나보기로 했다. 헐레벌떡 일어나 수업에 뛰어가던 지난날과는 달리 매일 마침 6시에 규칙적으로 일어나자고 마음먹었다.

하지만 어떻게? 혼자 살다 보니 누군가 지켜보지 않는다면 작심삼일로 끝날 게 뻔했다. 일찍 일어나겠다는 나와의 약속을 지키려면 어떤 장치가 필요했다. 그러다 유튜브가 생각났다.

'매일 6시에 일어나는 걸 영상으로 기록해보면 어떨까?'

당시 막연하게 유튜브를 시작해보고 싶었는데 이 도전이 재미있는 소재가 될 것 같았다. 검색해보니 그때까지 '아침 6시 기상'을 직접 실천하고 올린 영상은 없었다. 그렇게 나의 첫 도전, '한 달 동안 6시에 기상하기'가 시작되었다.

12월 25일 크리스마스 당일이 디데이였다. 빨리 시작할수록 첫 영상이 세상에 빨리 나올 수 있었으므로 방학이 되자마자 실천에 옮겼다. 도전을 시작한 이유와 매일 아침 6시에 일어나는 나의 모습을 영상으로 담겠다는 다짐을 촬영하고 잠자리에 들었다. 침대 머리맡에 카메라를 두고 핸드폰의 알람을 오전 5시 55분으로 맞췄다. 스스로 오로지 내 삶을 위해 이런 선택을 했다는 사실만으로 흥분이 가라앉지 않았다. 왜 진작에 이런 도전을 하지 않았지? 마음을 간신히 억누르고 내일의 성공적인 기상을 위해 잠을 청했다.

눈을 떴다. 분명 알람 소리가 들리지 않았다. '설마 첫날부터 실패한 건가?' 싶어 화들짝 놀라 핸드폰을 집었다.

오전 5시 50분.

휴. 안도의 한숨을 내쉬었다. 긴장감 때문인지 알람이 채 울리기도 전에 잠에서 깬 것이었다. 그러고 보니 어떤 책에서 '알람을 맞추지 않아도 특정 시간에 일어나야겠다고 강하게 마음먹으면 자연스럽게 눈이 떠진다'는 내용을 읽은 적이 있다. 엄청난 카타르시스가 느껴졌지만 차마 소리는 지르지 못하고 혼자서 "예쓰!"라고 속삭이며 1일 차의 성공을 만끽했다.

바로 물 한 잔을 들이켜고 옥상으로 올라갔다. 아직 해도 뜨지 않은 시간의 공기는 상쾌했다. 옥상에서 내려다본 천호대교에는 수십 대의 차가 지나다니고 있었고, 이미 버스에 몸을 실은 사람들도 보였다. 다들 이렇게 열심히 살고 있는데 나는 지금까지 무엇을 하고 있었나. 그래도 이렇게 변화된 나와 마주하자 자괴감보다는 뿌듯함이 나를 감쌌다.

　지금부터는 100퍼센트 나만의 시간이었다. 계획을 제대로 세우지 않으면 이 귀한 시간을 잠으로 흘려보낼 게 뻔했다. 그래서 오늘 하루 몇 시에 무엇을 할지 간단히 계획을 세우고 그동안 하고 싶었던 사진과 영상 편집을 공부해보기로 했다.

　그렇게 알찬 하루를 보내고 다시 찾아온 밤. 늦게 자는 습관은 여전히 남아 있어 거의 밤 12시까지 깨어 있었다. 그러다 보니 하루가 정말 길었다. 24시간이 이렇게 긴지 처음 알았다. 피곤했지만 첫 성공의 기쁨과 '내일도 일찍 일어나서 이 성취감을 누려야겠다'는 기대감을 품고 잠을 청했다.

　알람이 울렸다. 웃으면서 눈을 떴다. 두 번째 날도 성공이다. 내가 계획한 30단계 중 벌써 2단계를 성공으로 채웠다. 몸은 피곤했지만 마음만은 그 어느 때보다 에너지가 넘쳤다. 두 번째 날부터는 무엇을 할지 구체적으로 계획했다. 6시에 일어나기만 하면 된다고 생각했던 이 도전의 성패는 결국 하루를 어떻게 능동적으로 사는지에 달려 있었다(당시에 플래너를 직접 디자인하고 출력해 사용했는데, 덕분에 지금까지도 시간별로 계획을 세우는 습관을 유지하고 있다).

　셋째 날부터는 확실히 자신감이 붙었다. 눈을 뜨고, 하루 계획을 세우는 게 마치 내가 지금까지 해오던 루틴처럼 편했다. 특히 유튜브 콘텐츠를 만들기 위해 매일 아침 영상을 찍고 편집하다 보니 끝까지 성공하고 싶은 열망은 점점 커졌다. 2주쯤 되자 생활 패턴이 어느 정도 적응되어 평소보다 일찍 잠이 들었고 아침 5시 50분쯤 저절로 눈이 떠졌다.

　물론 위기도 있었다. 무난하게 도전을 끝낼 수 있겠다고 생각했지만, 21일째 되던 날에 첫 실패를 맞이했다. 눈을 뜨자 평소와 다르게 방에 햇살이 가득했고 어쩐지 피곤함보다 상쾌한 기분이 들었다. 시계를 보자 무려 8시. 일찍 잘 준비를 마쳤으나 예전 습관을 버리지 못하고 며칠간 늦게까지 유튜브나 미드를 봤더니 피로가 쌓인 모양이다. 멋지게 성공해서 짠! 하고 영상을 올리고 싶었는데 내심 부끄러워졌다.

　어차피 채널을 아직 열지도 않았으니 포기할까 하는 마음이 잠깐 들었다. 그럼에도 계속해서 도전을 이어나갔던 이유는 6시 기상이 내가 태어나서 스스로 무엇인가를 바꾸겠다고 결심한 첫 번째 일이었기 때문이다. 고작 이 정도 일로 포기하면 앞으로 세상에 나가 부딪힐 수많은 어려움을 극복하지 못할 것 같았다. 결정적으로 지난 스무 번의 성공을 떠올렸다. 오늘의 실패는 그저 목표를 향해 가는 한 과정이라고 생각하기로 했다.

그렇게 하루 또 하루가 지나면서 영상도 점점 쌓여 30개에 가까워졌다. 어느덧 1월 25일, 목표했던 한 달의 마지막 날이 되었다. 도전을 마치고 꼬박 이틀에 걸쳐 8분 35초짜리 영상을 만들고 유튜브에 올렸다. 채널명은 한국타잔. 가슴속이 뭔가 표현하기 힘든 뜨거운 감정으로 벅차올랐다. 감동적이기도 하고 기쁘기도 하면서 또 다른 도전 정신이 샘솟았다. 무엇보다 영상 속의 내가 낯설었다. 그 안에서 나는 나도 몰랐던 잠재력과 끈기를 발견했다.

이 작은 의지는 내 삶을 변화시켰다. 스스로 삶을 주도하는 경험이 얼마나 즐거운 일인지 깨닫자 본격적으로 삶에 긍정적인 영향을 줄 수 있는 다양한 도전을 이어갈 수 있었다. 그 도전과 영상이 차곡차곡 쌓여 20개가 넘어가자 유일무이한 '도전 유튜버'라는 타이틀도 얻었다. 이듬해 도전한 5시 기상 영상은 무려 256만 조회수를 달성하기도 했다.

유튜브 채널이 성장하면서 나의 인생 역시 질적으로 달라졌다. 이후에도 계속해서 6시 기상을 지켰고 그 외에도 시도해보고 싶은 일이 생기면 거침없이 도전해보는 실행력을 얻었다.

도전이 끝날 때마다 성취감을 맛보면서 내 몸과 마음, 인생에 풍부한 자양분을 마음껏 주고 있다. 유튜브를 시작하지 않았다면 몰랐을 놀라운 변화다.

내가 지금껏 했던 도전들은 감히 시도해보기 어려운 일들이 아니다. 막대한 시간과 비용이 들지도 않는다. 일상에서 누구나 할 수 있는 일들을 생각하는 데서만 그치지 않고 하나씩 실천했을 뿐이다. 내가 늘 이야기하는 우리 채널의 모토 'Don't think, just do!'처럼 말이다.

이 책에서는 이렇게 내가 경험한 '작은 실천'과 '작은 성공' 23가지를 소개한다. 때로는 일주일, 때로는 한 달, 길게는 73일까지 걸렸지만 마침내 도전을 끝낼 때마다 나는 한 뼘씩 더 성장했다. 여러 번의 작은 성공이 모이면 언젠가는 큰 성공도 이룰 수 있을 것이다. 물론 그 과정에서 자잘한 실패도 자주 겪었다. 하지만 모든 성공이 완벽할 필요는 없다. 더 중요한 것은 도전했다는 사실 그 자체다.

내가 한 도전 중에는 분명 독자 여러분도 '어, 나도 해보려고 했는데!' 혹은 '나도 해볼 만하겠는데?' 하는 주제가 있을 것이다. 그런 생각이 들었다면 부디 생각으로만 남겨두지 말고 실천함으로써 나처럼 한 번의 작은 성공을 만끽해보자. 그것이 당신의 인생에 터닝포인트가 될지도 모르니까 말이다.

차례

Part 2 [초급] 하루 30분, 나를 위한 시간

Part 3 [중급] 도전하는 하루가 쌓여갑니다

Part 4 [고급] 나의 한계에 도전한다

Part 1

지금 당장 시작할 수 있는 도전

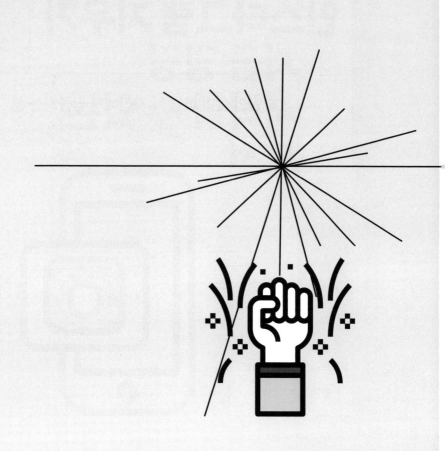

01

인스타그램 지우기

타인의 삶이 아닌 나 자신에게 집중하는 삶

진행 기간: 한 달

소셜미디어로 시작하는 하루

스마트폰 설정 창에 '스크린 타임' 혹은 '앱 타이머'라는 기능이 있다는 걸 알고 있는가? 핸드폰을 사용하는 동안 어떤 어플에 얼마만큼의 시간을 쏟았는지 보여주는 기능이다. 내 아이폰의 스크린 타임을 보면 항상 '유튜브'와 '인스타그램'이 1, 2위를 다퉜다. 그중에서도 인스타그램의 비율이 압도적으로 높았다. 사진을 자주 올리지도 않고, 인스타그램 인플루언서도 아닌데 왜 항상 스크린 타임 영예의 1위는 인스타그램이 차지하는 걸까.

자, 시간을 아침에 일어날 때로 돌려보자. 알람이 울리면 핸드폰을 들고 알람을 끈 다음 습관적으로 인스타그램을 연다. 딱히 올린 게시물이 없으니 댓글을 확인하기 위해서도 아니고, 무언가 궁금해서 켜는 것도 아니다. 그저 '습관'이다. 팔로한 사람들이 밤사이 새로 올린 사진을 쭉 훑고, 더 이상 새 게시물이 없을 때까지 오른손 엄지로 타임라인을 올려본다.

새로운 게시물을 다 보고 나면 돋보기(둘러보기)를 눌러 눈에 띄는 사진이나 재미있는 짤을 아무 생각 없이 보다가 어느 덧 시간이 훌쩍 지난 것을 깨닫고 화들짝 놀라 그제야 핸드폰을 내려놓는다. 어디 그때뿐일까. 대중교통을 타고 이동하다가 일을 하다가 과제를 하다가 심지어 엘리베이터를 타고 있는 잠깐 동안에도 인스타그램을 들여다본다. 한마디로 '인스타그램 중독'이다.

인스타그램은 도피처였다. 무기력한 삶과 끝없는 고민을 잠시나마 잊게 해주는 동굴 같은 곳. 본격적으로 인스타그램에 집착하게 된 시기는 대학교 마지막 학기를 앞둔 때였다. 취업을 준비하며 치열하게 고민하고 바쁘게 뛰어다녀도 모자랄 판에 무슨 일을 해야 할지, 내가 좋아하는 일이 무엇인지 확신이 없다 보니 나에 대한 기대감이 점점 사라지고 자존감도 바닥을 쳤다. 뭘 해도 안 될 것 같다는 부정적인 생각이 마음속에 움트자 무기력과 포기의 악순환이 반복되었다. 딱 '인생 노잼 시기'라는 말이 어울릴 만큼 어느 것에도 흥미를 느끼지 못했고 의욕도 없었다. 그때마다 인스타그램은 내가 현실에서 벗어나 목적 없이 방황하도록 판을 깔아주었다.

그러다 우연히 스크린 타임을 들여다봤는데 인스타그램 평균 사용 시간이 최소 두 시간 이상이었다. 유튜브에는 가끔 도움 되는 정보라도 있지, 아무런 재미도 감흥도 없는 짓을 하는 데 하루에 두 시간씩이나 허비하다니. 그 시간에 책을 읽었으면 평소 1년 치 독서량은 다 채웠을 것이다. 어쩌면 이 인스타그램이 지루한 노잼 일상을 만든 주범은 아닐까? 그렇게 한 달 동안 인스타그램을 지우고 살아보기로 마음먹었다. 금단 현상이 생기진 않을까, 컴퓨터로 꾸역꾸역 인스타그램에 들어가진 않을까 걱정이 됐지만 적어도 지금처럼 시간 낭비는 하지 않을 것 같았다.

그렇게 인스타그램 어플을 과감하게 삭제했다.

✔ 목표: 한 달 동안 인스타그램을 삭제하고 절대 보지 않는다.

습관이란 게 이렇게 무섭습니다

다음 날 아침, 알람이 울리자 본능적으로 팔을 뻗어 알람을 끄고 핸드폰을 잠금 해제한 다음 인스타그램 어플이 있던 폴더를 눌렀다. 익숙하지 않은 배열을 보고서야 어제 인스타그램을 삭제했다는 걸 깨달았다.

'역시 습관이란 무섭구나…….'

반성의 의미로 무의식적으로 인스타그램을 찾았던 내 오른손을 한 대 후려쳤다. 단순히 어플을 삭제하는 걸 넘어 절약한 시간을 생산성 있게 사용하기로 했기 때문에 곧바로 침대에서 벌떡 일어났다. 무기력하게 누워서 스토리나 둘러보던 내 모습을 지워야 했다. 당장 화장실로 달려가 칫솔을 입에 집어넣었다. 찬물로 세수도 하고 거울을 쳐다보면서 달라진 삶을 살아보겠다고 다시 한번 다짐했다. 아침에 침대에서 그냥 흘려보내는 시간을 없앤 것만으로도 왠지 모를 성취감과 자신감이 느껴졌다.

몇 번의 고비가 있었지만, 인스타그램 없는 삶에 적응하는 것은 생각보다 힘들지 않았다. 일을 하다가 나도 모르게 핸드폰을 집어 들고 인스타그램을 하던 습관이 사라졌고, 쓸데없이 다른 어플을 누르고 싶은 충동도 들었지만 그러면 인스타그램을 지운 의미가 없으므로 아예 핸드폰을 멀리 두었다. 컴퓨터의 인터넷 브라우저 상단에 떡하니 자리 잡고 있는 인스타그램 북마크도 과감히 지워버렸다.

그렇게 두 번 세 번 유혹을 참아내다 보니 '내 핸드폰엔 인스타그램이 없다'는 것이 머릿속에 확실히 박혔고 점점 그 존재를 잊어갔다. 보고 싶다는 생각도 들지 않았고 매일같이 들여다보던 지인들의 근황이 궁금하지도 않았다. 인스타그램이 내 인생에서 꼭 필요한 존재가 아니었던 것이다.

그렇게 여유 시간을 확보하고 한 달 동안 유튜브에 1일 1영상을 올리기로 마음먹었다(1일 1영상에 도전했던 기록은 이 책의 마지막 23번째 도전으로 등장한다). 취업 준비, 자격증 시험 준비 그리고 마지막 학기를 보내면서 매일 영상을 업로드했다. 하루에 많은 일을 처리해야 되다 보니 더욱 수월하게 인스타그램과 멀어졌다. 그렇게 인스타그램과 거리를 두면서 지금까지 얼마나 많은 시간을 낭비했는지 아깝다는 생각이 들었다. 그리고 생각뿐만 아니라 실제로 많은 부분이 달라졌다.

5인치 화면 바깥의 내 삶에 집중할 것

인스타그램을 지우고 나서야 문제는 단순히 어플에 접속하고 있는 시간이 아니었다는 걸 깨달았다. 그동안 내 삶은 온통 다른 사람에게 보이거나 다른 사람이 보여주는 것에 맞춰져 서서히 진짜 모습을 잃어가고 있었다.

인스타그램을 지우고 한 달, 나에게는 네 가지 큰 변화가 생겼다.

첫째, 업로드에 집착하지 않게 되었다.

인스타그램 게시물은 단순히 사진을 찍고 올리는 게 아니다. 여러 장의 사진을 찍고, 잘 나온 사진을 고르고, 사진을 보정하고, 어울리는 글을 쓰고, 적절한 (대체로는 아무 의미 없는) 해시태그를 달고, 업로드 후에는 몇 명이 좋아요를 눌렀는지 확인하고, 어떤 댓글들이 달렸는지 또 들여다보고…….. 하지만 인스타그램이 없다? 사진을 올려야겠다는 생각 자체를 하지 않는다. 그러자 사진을 찍는 일이 눈에 띄게 줄어들었다.

'내가 이런 재미있는 일을 하고 있다.'
'내가 이런 힙한 곳에 와 있다.'
'내가 이런 맛있는 걸 먹고 있다.'

더 이상 누구에게도 내 일상을 구구절절 보여줄 필요가 없었다. 그동안 진심으로 무언가를 기록하고 싶어서가 아니라 인스타그램에 올리기 위해서 사진을 찍어온 건 아닌지 되돌아보게 되었다.

둘째, 중요한 인간관계에만 집중하게 되었다.

인스타그램에서 팔로하는 사람들 중에는 이러지도 저러지도 못하는 애매한 관계의 지인들이 많다. 그렇게 친하진 않은데 우연히 인연이 닿아서 팔로했거나 딱히 연락하는 사이는 아니지만 팔로를 끊자니 찝찝한 사람들 말이다. 어쨌든 팔로하고 있으니까 게시글이나 스토리를 보면서 '이 사람은 이렇게 사는구나' 생각하며 백지장처럼 얇디얇은 인연을 이어갔지만, 한 번만 돌아서면 순식간에 끊어질 정도의 관계일 뿐이었다.

인플루언서들이나 연예인들의 일상적인 근황도 재미 삼아 보곤 했다. 그런데 막상 인스타그램을 지워보니 그런 걸 몰라도 사는 데 아무런 지장이 없었다. 오히려 정말 친한 친구들의 근황은 인스타그램 댓글 같은 얄팍한 수단 대신 직접 메시지를 보내거나 전화를 걸어 물었다. 새롭게 지켜야 할 인연과 그렇지 않은 인연을 가늠해볼 수 있었다.

셋째, 쓸데없는 유행에 관심이 사라졌다.

인스타그램을 보면 소위 '힙한 곳', '인스타 갬성 넘치는 곳',

'줄을 서서라도 들어가는 맛집' 등 나만 빼고 남들은 다 하고 다 가고 다 먹는 것들이 넘쳐난다. 나도 인스타그램 어플을 지우기 전까지는 그런 것들에 관심이 많았다. 트렌디한 사람이 되는 것 같고 운이 좋으면 '인생 샷'도 건질 수 있으니까.

하지만 인스타그램을 지운 이후로는 소위 '힙한 문화'에 관심이 줄어들었다. 최신 유행을 알 수 없었기 때문에 가고 싶은 곳도 없었고 그저 지금의 평범한 하루하루에 만족하게 되었다. 그러면서 나 자신에게 물었다.

'지금까지 나는 내가 경험한 무언가를 공유하고 싶어서 게시물을 올렸을까? 아니면 인스타그램에 올리기 위해서 무언가를 했을까?'

깊게 생각하지 않아도 후자에 가까웠던 것 같다.

마지막으로, 집중력이 높아졌다.

개인적으로 가장 장점이라고 생각한다. 원래 나는 다른 일을 하다가도 집중력이 조금만 흐트러지면 습관적으로 인스타그램을 들여다봤다. 그러다 보니 일은 좀처럼 진행되지 않았고 나중에 보면 별 소득 없이 시간만 훌쩍 지나 있어 허탈한 마음만 들었다. 인스타그램을 지우고 나서 처음에는 습관적으로 다시 핸드폰을 집어 들었다가 '아, 나 인스타그램 지웠지. 보지 말자' 하고 다시 내려놨었는데 이게 익숙해지다 보니 무언가 할 때는 그 일에 완전히 집중할 수 있게 되었다.

특히 한 달 동안 유튜브에 1일 1영상 올리기 도전과 동시에 취업과 자격증 시험도 준비했는데 전처럼 인스타그램을 들락날락했다면 이 모두를 절대 성공적으로 해낼 수 없었을 것이다. 인스타그램을 없애면서 집중력을 발휘해 내가 하는 모든 일에 추진력이 붙었다.

이제 타인에게 맞춰져 있던 초점은 오롯이 나에게만 맞춰졌다. 물론 소셜미디어가 무조건 나쁘다고 말할 수는 없다. 이것으로 자신의 커리어를 쌓는 사람도 있고, 나 역시 유튜버로서 나만의 세계를 만들어가고 있으니까. 인플루언서로서 즐거움을 공유하며 긍정적인 영향을 주는 사람도 많다. 그저 개인적인 이야기를 한다고 해서 나쁜 것도 아니다. 자신의 일상을 공유함으로써 기쁨을 느끼고 지인들과 건강하게 소통하는 사람들도 있다.

하지만 경험상 내가 나를 사랑하지 못할 때, 무기력과 우울함이 나를 짓누를 때, 무언가에 집중해야 할 시기에 그러지 못할 때 소셜미디어는 정말 백해무익했다. 나는 인스타그램을 지우면서 무기력함에서 벗어났고 한 달이 지나 다시 인스타그램을 깔았지만 이전처럼 하루 종일 들여다보진 않는다. 이제는 내가 꼭 공유하고 싶은 무언가가 생겼을 때, 유튜버로서 내 일상을 해치지 않는 선에서 효과적으로 인스타그램을 활용하고 있다.

유튜브에 영상을 업로드한 이후, 많은 구독자가 소셜미디어에 대해 나와 같은 고민을 하고 있다는 걸 알게 되었다. 특히 소셜미디어상에서 남들과 나의 모습을 비교하면서 더욱 우울해지고 무기력해진 경험이 있었다는 댓글이 많았고 이번 기회에 과감히 지워봐야겠다고 다짐한 분들도 있었다.

혹시 소셜미디어에 너무 많은 시간을 쏟고 있다는 생각이 드는가? 그렇다면 인스타그램 어플을 꾹 눌러 삭제해보자. 단 3초밖에 걸리지 않는다. 3초만 용기를 내면 고작 5인치짜리 화면 안에서 '남'과 비교하며 좌절하지 않고 현실에서 '나'에게 집중하는 삶을 살아갈 수 있다.

절대 다른 사람과 자신을 비교하지 마라. 그건 나의 비하인드와 남의 하이라이트를 비교하는 짓이다.

_테일러 스위프트

한국타잔의 도전일지

목표	인스타그램 지우기
기간	한 달
선정 이유	인스타그램 때문에 내 삶에 집중하지 못한다.
실천 방법	▪ 핸드폰에 깔린 인스타그램 어플을 지운다. ▪ 컴퓨터에도 북마크가 설정되어 있다면 함께 지워준다. ▪ 인스타그램을 보지 않는 시간에 무엇을 할지 고민한다. ▪ 친구들에게 직접 메시지를 보내거나 전화를 하는 등 얄팍한 인간관계에서 벗어나기 위해 노력한다.
챌린지 키워드	▪ **집중력**: 습관적으로 소셜미디어에 접속하는 시간이 줄었다. ▪ **인간관계**: 꼭 필요한 관계만 남기게 되었다. ▪ **우선순위**: 비교하지 않음으로써 '나'를 더 생각하게 되었다.

이런 분들께 추천해요

▪ 핸드폰에서 인스타그램 사용 비중이 가장 높다.
▪ 뭘 해도 무기력한 인생 노잼 시기를 겪고 있다.
▪ 다른 사람들의 삶과 내 삶을 자꾸 비교하게 되고 자괴감에 빠진다.

한국타잔의 도전 꿀팁

▪ 인스타그램 금단 증상이 찾아온다면 자격증 공부, 취미 활동 등 평소 하지 못했던 일들을 하며 바쁘게 지내면 도움이 된다.
▪ 처음에는 '나만 유행에 뒤처지는 건 아닐까' 조바심이 들겠지만, 오히려 내 인생에서 진짜 중요한 가치를 발견하는 소중한 시간이 될 것이다.

02

커피 마시지 않기

중독이 된 습관에서 벗어나는 방법

진행 기간: 2주

커피가 피로의 악순환을 가져왔다

'사원증을 목에 걸고, 한 손에는 커피를 들고, 높은 빌딩숲 사이를 누비는 멋진 직장인'은 한때 나의 로망이었다. 그런데 막상 취업을 하고 나서 깨달았다. 커피는 여유의 상징이 아니라 직장인들이 생존을 위해 마시는 생명수라는 것 말이다. 출근길에 카페에 들러 진하게 내린 아메리카노 한 잔을 사서 마시거나 회사에서 캡슐 커피라도 내려 마시지 않으면 하루를 버티기 어려울 정도이니, '커피 수혈'이라는 말이 괜히 생겨난 게 아니었다. 직장인뿐이랴, 길가에 즐비한 수많은 카페만 봐도 우리나라 사람들이 얼마나 커피 없이 못 사는지 알 수 있다. 나 역시 대학생이 되었을 때 본격적으로 커피 맛을 알게 되었고 집에서도 커피를 내려 마실 정도로 애호가가 되었다.

맑은 정신으로 업무를 시작하기 위해 모닝커피 한 잔, 점심 식사 후에 나른해진 몸을 깨우기 위해 또 한 잔, 퇴근 후 친구와 저녁 식사 후에 카페에 앉아 이야기를 나누며 또 한 잔. 이제 하루 한 잔은 기본이고, 두세 잔을 마시는 것도 전혀 이상

하지 않게 되었다. 특히 단 음료와 유제품을 좋아하지 않는 나는 주로 '아이스 아메리카노' 혹은 '콜드브루 커피'를 마셨다. 이렇게 카페인 함량이 높은 음료를 마시다 보니 언젠가부터 내 생활이 커피에 많은 영향을 받는다는 생각이 들었다.

한동안 피곤함을 쫓아내기 위해 오후에 종종 커피를 마셨는데, 그런 날이면 쉽게 잠들지 못했고 어렵사리 잠에 빠져도 평소보다 많이 뒤척였다. 나는 카페인에 무딘 몸이라고 생각했는데 아니었다. 에스프레소에 물을 섞은 아메리카노보다 원두 가루를 찬물에 오랫동안 우려낸 콜드브루를 더 자주 마신 것도 문제였다. 콜드브루의 카페인 함량은 아메리카노의 두 배에 가까웠다. 그란데 사이즈의 콜드브루에는 카페인이 200밀리그램 들어 있어 한 잔만 마셔도 성인의 1일 카페인 섭취량인 400밀리그램의 절반이 채워졌다. 이러니 몸이 반응하지 않을 리가.

그렇게 수면에 어려움을 겪다 보니 자연스럽게 아침에 눈을 떴을 때 엄청난 피로감을 느꼈고, 또다시 출근하면 피곤함을 이겨내고자 커피를 마시는 악순환이 이어졌다. 처음에는 금세 적응하겠지 싶어 대수롭지 않게 넘겼는데 피곤하고 집중력이 떨어지는 상황이 계속되면서 무언가 조치를 취해야겠다는 생각이 들었다.

'이참에 커피를 한번 끊어보자.'

　단순한 기호식품 주제에 내 생활에 이렇게 영향을 많이 미치고 있다니, 그냥 확 끊어내는 것도 나쁘지 않을 것 같았다. 그리고 정말 피곤의 원인이 카페인인지 확인하려면 커피를 일상에서 몰아낼 필요가 있었다. 그리하여 2주 동안 커피를 끊어보기로 했다(디카페인 커피조차 마시지 않겠다는 굳은 의지와 함께!).

　✔ 목표: 2주 동안 커피는 쳐다도 보지 않는다.

커피를 끊고 숙면을 얻었다

출근길에 매일 가던 카페를 그냥 지나쳤다. 키오스크에서 콜드브루를 결제하고 커피를 건네주는 바리스타에게 "감사합니다."라는 인사를 해야 본격적으로 내 하루가 시작되는데 바로 사무실로 들어가자니 어쩐지 조금 허전했다. 업무를 시작할 준비를 하고 1리터짜리 텀블러를 물로 가득 채웠다. 마침 이전에 도전했던 매일 2리터 물 마시기를 계속하고 있었으므로 '커피를 끊는다'고 생각하기보단 '물을 많이 마셔보자'라고 마음을 바꿔보기로 했다. 오후에 외근을 나갈 때 역시 항상 들르던 카페를 지나치고 깡생수로 아쉬움을 달랬다.

하루 정도 커피를 참는 일은 어렵지 않았다. 평소에도 어쩌다 커피를 마시지 않는 날도 있었으니 그런 날 중 하루였다고 생각하니 수월했다. 그런데 이틀 연속 맹물만 마시려니 뭔가 부족했다. 서랍을 뒤져보자 페퍼민트 티백이 하나 나왔다. 그래, 커피를 끊기로 했지 다른 음료까지 마시지 않는 건 아니니까. 은은한 민트향 티 덕분에 확실히 생수만 마시는 것보다는 쉽게 커피 없는 둘째 날을 보냈다.

셋째 날이 되자 슬슬 출근길이 힘들어졌다. 이날도 마찬가지로 매일 들렀던 카페를 외면해야만 했다. 깊은 곳에서 커피를 향한 나의 욕망이 꿈틀댔다. 한 손에 커피를 들고 다가오는 동료가 어찌나 부럽던지. 컵 안에서 찰랑거리는 진갈색 액체가 반짝반짝 빛나며 영롱해 보이기까지 했다.

하루는 도저히 참을 수 없어서 외근을 나가는 길에 자주 가던 카페에 무작정 들어갔다. 커피는 못 마시지만 향이라도 맡으면 욕망을 조금이나마 억누를 수 있을 듯했다. 넓고 쾌적한 공간에 은은하게 퍼지는 이 에스프레소 향기……. 메뉴판을 거의 정독하다시피 들여다보다가 아메리카노와 콜드브루를 애써 무시하고 결국 아이스 캐모마일 티를 주문했다. 한 모금 마셔보니 너무 묽다.

　'이 맛이 아니야……. 내가 원하는 건 이 맛이 아니야!'

　에스프레소의 진한, 내 식도를 타고 넘어가는 그 진득한 맛이 필요했다.
　또 어떤 날은 몰려오는 피로를 어떻게든 이겨내보려 발버둥 치고 있었는데 쏟아지는 졸음 때문에 도저히 일에 집중할 수가 없었다. 이대로는 안 되겠다 싶어 서랍 속에 쟁여둔 박카스를 뜯고 말았다. 그러자 신세계가 펼쳐졌다. 커피와는 다르지만, 그토록 원하던 '식도를 넘어가는 진득함'이 느껴졌다. 역시 적절한 카페인은 이로운 것인가. 졸음은 금세 물러갔고 말짱한 정신으로 남은 일들을 빠르게 처리했다.

　한 달도 아니고 2주는 거뜬히 버틸 수 있을 줄 알았는데 커피 없는 삶은 꽤 힘들었다. 어쩌면 그동안 너무 커피에 의존해왔던 게 아닐까? 그렇지만 삶의 즐거움 하나를 빼앗겼다는 생각은 지울 수 없었다. 특히 일을 하다 졸리거나 각성이 필요할 때 다른 것으로는 채워지지 않는 커피만의 특별함이 그리웠다.

부드러운 짜릿함이라고 할까? 고작 커피 하나에 별의별 생각이 다 들었다.

언젠가 직장 동료들과 '평생 커피 안 마시기 vs. 평생 술 안 마시기'를 주제로 밸런스 게임을 한 적이 있다. 대부분이 진지한 고민 끝에 '평생 술 안 마시기'를 선택했다. 다들 어느 정도 술을 즐기고 애주가라고 할 만한 동료도 몇 있었지만, 커피 없이는 정말 못 살 것 같다고 말하는 모습에 깜짝 놀랐다. '평생 커피 안 마시기'를 선택한 나는 "동남아 같은 멋진 여행지에서 칵테일이나 맥주 한잔 못 마신다고 생각해보시라구요!"라고 말하며 설득하려 했지만 다들 확고했다. 그때의 나는 커피가 그렇게까지 큰 존재인지 쉽사리 이해하지 못했다. 하지만 일주일 넘게 커피 없이 살아보니…… 아무래도 이 문제에 대해선 다시 한번 진지하게 고민해봐야겠다.

어느덧 10일 차. '커피를 안 마시는 게 무슨 의미가 있나' 하고 괴로워하던 찰나 문득 지난 며칠간 꿀잠을 잤다는 사실을 깨달았다. 아니, 꿀잠이 아니라 기절잠 수준이었다. 퇴근하고 집에 돌아와 샤워를 하고 침대에 누우면 베개에 머리를 대자마자 잠에 빠졌다. 침대에 누워서도 새벽 12시, 1시가 넘도록 한참 동안 잠들지 못했던 나였는데, 이젠 10시만 되어도 졸음이 쏟아졌고 잠드는 데 채 1분도 걸리지 않았다.

'아 이게 정상이구나.'

열흘 동안 카페인을 완전히 끊어버리니 신체 리듬이 건강하게 돌아왔다는 것이 온몸으로 느껴졌다. 잠을 잘 때뿐만 아니라 일어날 때도 훨씬 개운했고, 수면 시간이 길어진 덕분에 무거운 눈꺼풀은 온데간데없이 사라졌다. 얼마 만에 이렇게 상쾌한 기분으로 잠에서 깼는지 기억나지 않을 정도였다. 가뿐하게 눈을 뜨니 하루 종일 기분이 좋았다. 커피 끊기 챌린지가 의미 없는 도전이 아님을 알게 되자 커피의 유혹이 와도 조금 더 수월하게 이겨낼 수 있었다.

커피를 끊은 지 2주. 모두가 떠난 사무실에서 퇴근 준비를 하다가 갑자기 하루 종일 커피 생각이 한 번도 나지 않았다는 사실이 떠올랐다. 뿐만 아니라 평소와 달리 최상의 컨디션을 유지하며 효율적으로 일을 했다. 인간은 적응의 동물이라더니 2주간의 고생 끝에 커피 없는 삶에 완벽하게 적응한 것이다. 도전을 더 이어가 볼까? 하지만 커피를 이미 참을 만큼 참았기 때문에 그 생각은 스쳐가도록 내버려 두었다. 대신 고생한 나에게 커피라는 상을 주고 싶었다.

다음 날 퇴근 후에 당장 카페로 달려가 "아이스 아메리카노 한 잔 주세요!"를 외쳤다. 밥 먹듯이 하던 말이었는데 오랜만에 커피를 주문하려니 긴장되기까지 했다. 커피의 맛을 극대화하기 위해 최고의 궁합을 자랑하는 샌드위치도 함께 샀다. 집에 돌아와 떨리는 마음으로 샌드위치를 한 입 베어 물었다. 그리고 샌드위치를 모두 삼키기 전에 그토록 간절히 바라던 커피를 쪼옥 빨았다.

'천국의 맛이로구나.'

2주 만에 맛보는 '식도를 타고 흘러가는 에스프레소의 진한 맛'이었다. 이 맛있는 걸 놔두고 그렇게 오랫동안 고생을 하다니. 나는 태어나서 가장 빠른 속도로 순식간에 커피 한 잔을 모두 마셔버렸다.

의미 없는 습관과 잠시 거리 두기

커피는 수백 년이라는 긴 시간 동안 많은 사람에게 사랑받았다. 바흐는 카페에서 연주될 목적으로 〈커피 칸타타〉라는 곡을 썼고, 고종 황제는 커피가 조선에 들어온 후 커피를 즐겨 마셨던 것으로 유명하다. 옛날부터 커피가 피로회복제이자 기호식품으로 얼마나 각광받았는지 잘 알 만한 일화들이다.

나 역시 바로 그 '악마의 유혹'에 얼마나 사로잡혀 있었는지 이번 도전으로 절실히 깨달았다. 쉽게 잠들지 못하고 어깨를 짓누르는 피로감에도 '에이, 커피가 무슨 상관이야' 하며 습관적으로 커피를 마셨던 지난날의 내 모습이 아둔하게 느껴졌다. 제대로 잠들지 못하고 피로한 일상이 반복되면서도 나쁜 습관을 버리지 못한다면 그건 더 나은 삶에 대한 직무유기다.

아쉽게도 도전이 끝나고 나서 커피를 완전히 끊지는 못했다. 다만 신기하게도 커피를 마시는 횟수는 눈에 띄게 줄었다. 우선 더 이상 출근길에 카페에 출석 체크를 하지 않게 되었고, 정말 피곤하거나 졸음이 몰려올 때만 한 잔씩 마셨다. 그리고 5시 이후로는 커피가 땡겨도 되도록 '조금만 있으면 퇴근이다'라고 혼자 속삭이며 참아냈다. 이제 커피를 마시는 횟수는 일주일에 주말을 포함해 두세 번밖에 되지 않는다. 이런 노력 덕분인지 수면 패턴도 아주 건강하게 유지되고 있다. 11시가 되면 다른 일을 할 수 없을 만큼 졸음이 쏟아져 금세 잠에 빠져든다. 워낙 잘 자서 그런지 가끔은 알람이 울리지도 않았는데 말짱한 정신으로 깨기도 한다.

난 여전히 커피가 좋다. 하지만 그렇다고 해서 습관적으로 마실 필요는 없었다. 오히려 정말 필요할 때 한 잔씩 마시는 커피가 더 소중하고 맛있다. 세상 모든 일이 그렇지만 '중도(中道)'를 지키는 것이 가장 중요하지 않던가. 나처럼 커피를 완전히 끊는 경험을 할 필요는 없지만 자신도 모르는 사이 커피에 의존하고 있었다면 잠시 커피와 거리 두기를 해보는 것도 좋을 것이다. 특히 깊은 잠에 빠지지 못하거나 만성적인 피로로 고민인 사람이라면 당분간 커피를 줄여볼 것을 적극적으로 추천한다.

카페를 운영하는 쉼표 머리 사장님이 "커피 한잔할래요?" 하고 물어볼 때 좋은 마음으로 그 제안을 받아들일 수 있도록, 깊고 진한 향의 커피가 삶의 즐거움으로 남을 수 있도록 적절히 조절하는 것은 우리의 몫이다.

한국타잔의 도전일지

목표	커피 마시지 않기
기간	2주
선정 이유	'피곤 → 커피 마시기 → 잠을 설침 → 피곤'의 악순환을 끊고 싶다.
실천 방법	▪ 집은 물론 밖에서도 커피를 마시지 않는다. ▪ 커피 대신 물이나 티 등 대체 음료를 마신다. ▪ 너무 많이 피곤하거나 졸음이 쏟아질 때는 커피보다 카페인 용량이 적은 강장제를 마신다. ▪ 그럼에도 커피 생각이 간절하다면 디카페인을 마신다.
챌린지 키워드	▪ **회복**: 수면의 질이 높아져 컨디션이 좋아졌다. ▪ **생활 리듬**: 규칙적으로 기상할 수 있게 되었다.

이런 분들께 추천해요

▪ 커피를 습관적으로 하루에 두 잔 이상 마신다.
▪ 잠을 설치고 다음 날 피곤해하는 일상이 반복되고 있다.
▪ 건강한 습관을 갖고 싶다.

한국타잔의 도전 꿀팁

▪ 커피를 좋아하는 사람이라면 커피를 완전히 끊기보다 단기 도전으로 커피를 멀리하는 습관을 익히는 것이 도움이 될 것이다.

03

매일 같은 옷 입기

한정된 시간을 어떤 고민으로 채울 것인가

진행 기간: 한 달

옷을 고르는 시간이 아까워졌다

옷은 개성을 드러내고 다른 사람에게 나의 감각을 자랑하는 중요한 사회적 도구다. 게다가 소셜미디어가 발달하면서 매일의 옷차림을 다른 사람과 공유하는 일이 유행처럼 퍼져 'OOTD(Outfit Of The Day)'라는 말까지 생겨났다. 하지만 옷장 앞에서 누구나 콧노래를 부르며 행복한 고민을 하는 것은 아니다.

나는 패션에 관심은 많지만 옷을 잘 입는 편은 아니다. 다양한 스타일의 옷을 소화하진 못하기 때문에 쇼핑을 해도 항상 셔츠나 니트 같은 무난한 스타일의 옷을 구매한다. 그나마 부모님이 물려주신 적당한 키와 마른 체형 덕분에 옷빨은 잘 받는 편이다. 그래서 옷장에는 비슷비슷한 옷이 가득하다. 그런데도 매일 아침 옷을 고르는 건 왜 이렇게 어려운지. 아침에 씻으러 욕실에 들어갈 때부터 고민이 시작된다.

'오늘 날씨가 어떻지? 니트를 입을까? 아냐, 니트는 어제

입었으니까 셔츠를 입을까? 그럼 갈색 셔츠를 입을까, 노란색 줄무늬 셔츠를 입을까? 갈색 셔츠는 핏이 잘 안 사는 것 같은데…….'

결국 머리를 말리고 옷장 앞에서 몇 벌을 몸에 대보고 나서야 겨우 뭘 입을지 정한다. 차라리 연예인들처럼 코디네이터가 있어서 입을 옷을 정해주면 좋겠다는 생각도 든다. 아니면 나도 그냥 페이스북 CEO 마크 저커버그처럼 같은 옷만 사놓고 주야장천 그것만 입을까? 매일 같은 옷만…… 입는다고?

오, 좋은 도전거리를 찾았다.

마크 저커버그는 단벌 신사의 대표주자 스티브 잡스처럼 항상 회색 티셔츠나 후드티만 입는 것으로 유명하다. 그는 옷을 간소하게 입는 이유에 대해 "세상을 더 낫게 만드는 고민 이외의 다른 결정은 최소한으로 하고 싶다."라고 말했다고 한다. 즉, 생산성을 높이기 위함이라는 말인데, 과연 나도 같은 옷만 입으면 그렇게 될지 궁금했다.

옷장을 열어보니 형형색색의 셔츠, 니트가 걸려 있었다(이때 처음으로 깨달았다. 아, 나는 옷을 못 입는 사람이구나. 그때그때 마음에 드는 옷만 사다 보니 매치해서 입을 만한 옷이 한정적이었다. 그래서 옷을 고르기가 더 힘들었을지도). 그중 내가 가장 자주 입고 내게 잘 어울리는 옷은 검정색 셔츠와 검정색 터틀넥 티셔츠였다. 마침 바지도 검정색 슬랙스와 청바지가 있어서 한 달 동안 올블랙으로 입어봐야겠다고 생각했다. 다른 불필요한 옷들은 서랍 깊은 곳에 넣어두고 보니 옷장이 세상 단출해졌다.

셔츠 1벌

터틀넥 1벌

슬랙스 1벌

청바지 1벌

코트 1벌

토트백 1개

양말 3켤레

이게 내가 한 달 동안 입고 다닐 옷과 가방 전부였다. 깔끔해진 옷장을 마주하는 것만으로도 벌써 잡생각이 싹 정리되는 느낌이었다.

검은 옷투성이라 코디라고 할 만한 게 없었다. 이 도전을 했을 때가 3월이라 추운 날은 터틀넥, 덜 추운 날은 셔츠, 많이 추운 날은 터틀넥 위에 셔츠를 입으면 그만이었다. 씻는 내내 고민거리였던 '오늘 뭐 입지?'에 대한 답안지는 더 이상 필요하지 않았다. 이왕 하는 거 제대로 해보자는 생각에 신발 역시 진 갈색 구두 하나만 꺼내놓았다.

✔ **목표: 한 달 동안 정해진 옷 몇 벌만 입는다.**

선택하지 않아도 된다는 선택지

결과는 대만족이었다. 그저 걸린 옷을 꺼내 입기만 하면 되니 도전이라고 할 것도 없었다. 이렇게 좋은 걸 이제야 알았다니! 당시 나는 오전에는 원단 회사에 인턴으로 출근하고 오후에는 학교에서 수업을 들었는데, 출근 준비가 이렇게 간편할 수 없었다. 선택지가 매우 좁았기 때문에 일어나면서부터 날씨 정도만 확인하면 무엇을 입을지가 곧바로 정해졌다. 그다음에는 아무 고민 없이 음악을 들으며 신나게 샤워하면 그만이었다.

　물론 단점도 있었다. 한 달 도전으로 시작했으므로 같은 옷을 여러 벌 사두지 않아서 세탁을 자주 해야 했다. 귀가하면 거의 필수로 세탁기에 옷을 집어넣고 35분짜리 울 전용 코스를 돌렸다. 당연히 이 정도의 작은 불편은 옷에 대한 고민을 하지 않아도 된다는 장점에 묻혀 아무런 문제가 되지 않았다. 되레 경제적인 여유가 된다면 같은 옷을 두 벌 정도씩 더 사놓으면 좋겠다는 생각도 들었다.

흥미롭게도 매일 만나는 회사 동료나 학교 친구 들은 내가 항상 같은 옷을 입는다는 걸 거의 알아차리지 못했다. 처음에는 매일 같은 옷을 입고 다니면 혹시라도 게을러서 세탁도 안 하고 똑같은 옷만 입는다고 오해를 받을까 걱정했다. 하지만 다행히 아무에게서도 그런 질문을 받지 않았다. 2주 정도 지나 회식 자리에서 요즘 하고 있는 도전에 대해 이야기하자 그제야 "생각해보니 요즘 스타일이 거의 비슷했던 것 같아."라는 답이 돌아왔다.

또 한번은 도전을 시작하고 3주쯤 되었을 때, 친한 친구를 만나 이 주제로 대화를 나누게 되었다. 친구는 자신도 아침마다 무슨 옷을 입을지 몰라 고민하는 것은 물론, 쇼핑을 해도 대체 뭘 사야 할지 모르는 '패알못'이라며 차라리 교복을 입었던 고등학생 때가 더 편했다고 이야기했다. 학생들의 개성을 무시하고 획일성을 강조하는 교복이 좋은 문화라는 말은 아니다. 다만 매일 무엇을 입을지 고민하지 않아도 되는 상황이 편했던 것만은 사실이다.

매일 다른 옷을 입는 것은 누군가에게는 적극적으로 자신을 표현하는 신나는 일이다. 아침마다 거울 앞에서 그날의 날씨와 분위기에 어울리는 옷을 고르며 기분 좋게 하루를 시작하는 사람도 있다. 그러나 나처럼 여러 가지 스타일을 소화하지 못하는 데다가 옷을 고르는 일 자체가 스트레스인 사람도 많다. 이런 경우에는 같은 옷을 입는 것이 의외의 자유로움을 가져다줄 수 있다. 게다가 같은 스타일을 고집하다 보면 자연스럽게 이것이 나의 정체성으로 자리 잡을 수도 있다. 우리를 둘러싼 수많은 선택지 중에서 아무것도 선택하지 않는 것이 최고의 답이 된 셈이다.

다른 사람을 의식하느라 시간을 낭비하지 말 것

뉴발란스 992 운동화, 리바이스 501, 이세이 미야케의 검정 터틀넥. 지금은 고인이 된 애플의 스티브 잡스가 매년 신제품 프레젠테이션에 입고 나왔던 옷이다. 그는 대부분의 공식 석상에서 이 옷차림을 고집했다. 어떤 이유로 이렇게 입는지는 단 한 번도 언급한 적이 없지만 말이다.

　다만 검정 터틀넥에 청바지를 입기 시작한 것은 일본의 소니사를 방문한 후부터였다. 그 당시 직원들이 똑같은 유니폼을 입고 일하는 것을 신기하게 여겨 사장에게 이유를 물었더니 그는 "사원들이 유니폼을 입고 난 후 소니만의 특징이 생기고 단결하는 계기가 됐다."라고 대답했다. 그 뒤로 잡스는 소니의 유니폼 디자이너였던 이세이 미야케와 인연을 맺고 '편의성'과 '이미지메이킹'을 위해 잡스 고유의 스타일을 갖추자는 데 의견을 모아 지금의 스타일을 탄생시켰다. 여기서 말하는 편의성이 옷에 대한 고민에서 벗어나 생산성을 높이기 위한 조치가 아니었을까.

그래서 내 생산성이 좋아졌냐고 묻는다면, 답은 '글쎄'다. 이를 구체적인 수치로 이야기하기에는 어렵기 때문이다. 그래도 매일 아침 나를 괴롭히던 고민거리가 하나 줄었고, 옷장 앞에서 버리는 시간이 사라졌다는 것만은 분명하다. 무엇을 입을지 생각하지 않아서 5분이라도 더 잘 수 있게 되었다면 그것만으로도 내 생산성을 높이는 데 도움이 되지 않았을까?

당시의 도전이 습관이 되어서인지 2년이 지난 지금도 나는 거의 비슷한 옷만 입는다. 그때에 비하면 옷장에는 다양한 옷이 채워졌지만, 특별한 날이 아니면 하의는 청바지나 슬랙스, 상의는 단색 티셔츠나 셔츠 몇 벌을 돌아가며 입는다.

매일 아침 나를 괴롭히던 고민거리가 하나 줄었고,

옷장 앞에서 버리는 시간이 사라졌다는 것만은 분명하다.

무엇을 입을지 생각하지 않아서 5분이라도 더 잘 수 있게 되었다면

그것만으로도 내 생산성을 높이는 데 도움이 되지 않았을까?

잡스는 2005년 스탠퍼드대학교에서 다음과 같은 유명한 졸업 연설을 남겼다.

여러분의 시간은 한정되어 있습니다. 그러므로 다른 사람의 삶을 사느라고 시간을 낭비하지 마십시오. 과거의 통념, 즉 다른 사람이 생각한 결과에 맞춰 사는 함정에 빠지지 마십시오. 다른 사람의 의견이 내면의 목소리를 가리는 소음이 되게 하지 마십시오. 무엇보다 중요한 것은 당신의 마음과 직관을 따라가는 용기를 가지라는 것입니다. 당신의 마음은 진정으로 무엇이 되고 싶은지 이미 알고 있습니다. 다른 모든 것은 부차적인 것들입니다.

우리의 시간은 한정되어 있다. 이 시간에 무엇을 할지는 나만이 선택할 수 있다. 아침에 어떤 옷을 입을지 고민하는 시간이 의미 있다면 그렇게 사용해도 좋다. 다만 그 시간이 무의미하다는 생각이 들었다면, 이제는 다른 사람의 시선을 의식하지 않고 내가 정말 중요하다고 생각하는 일에 조금 더 집중해보면 어떨까? 의외로 다른 사람은 내 옷차림 같은 사소한 일에는 조금도 신경을 쓰지 않는다. 혹시라도 나처럼 어떤 옷을 입을지 매일 아침 고민하고 있다면 옷 가짓수를 과감하게 줄여보기를 추천한다.

참고로 영상을 올린 후 어떤 구독자분은 요일별로 무엇을 입을지 정해놓는 방법을 추천했다. 매일 같은 옷을 입는 게 지루하다면 그 역시 좋은 대안이 될 수 있을 것이다.

한국타잔의 도전일지

목표	매일 같은 옷 입기
기간	한 달
선정 이유	옷에 대해 고민하는 시간을 줄여 생산성을 높이고 싶다.
실천 방법	▪ 평소 즐겨 입는 옷 몇 가지를 추려본다. ▪ 날씨에 맞게 얇은 옷, 두꺼운 옷, 외투 등을 각각 하나씩 준비한다. ▪ 되도록 가방과 신발 등 소품도 한 가지씩만 선택한다. ▪ 여유가 된다면 같은 옷을 미리 두세 벌 더 준비해둔다.
챌린지 키워드	▪ **심플라이프**: 삶이 간소해지자 고민이 줄었다. ▪ **생산성**: 눈에 띄는 변화는 없었지만, 외출 준비에 시간이 덜 소요된다. ▪ **자율성**: 다른 사람의 시선을 의식하지 않게 된다.

이런 분들께 추천해요

▪ 내가 하는 일에 효율성과 생산성을 높이고 싶다.
▪ 아침에 준비하는 시간을 5분이라도 절약하고 싶다.

한국타잔의 도전 꿀팁

▪ 한 달 동안 어떤 옷을 입어야 할지 고민이라면 무난한 올블랙 의상을 추천한다.
▪ 매일 같은 옷을 입지 않더라도 요일별로 입을 옷을 정해놓는 것도 좋은 방법이다.

04

매일 물 2리터씩 마시기

건강한 인생 습관을 만드는 방법

진행 기간: 3주

화사한 피부의 비결이 궁금하다!

트러블 하나 없이 깨끗하고 화사하게 빛나는 피부는 상대방에게 좋은 인상을 남기는 데 무엇보다 중요한 요소다. 괜히 소문난 피부과에 사람들이 줄을 서고, 좋다는 화장품을 사기 위해 해외에서까지 원정을 오는 게 아니다. 외모에 지나치게 집착하는 일이 부정적으로 평가받는 시대지만 적어도 피부만큼은 예외다.

나 역시 어려서부터 지금까지 항상 피부 트러블을 한두 개씩 달고 살아 거울을 볼 때마다 신경이 쓰이곤 했다. 중고등학생 때는 얼굴이 여드름으로 가득 차 있었지만, 꾸밀 줄도 모르고 그럴 필요도 없었기 때문에 크게 개의치 않고 살았다. 아무래도 성장기이고 호르몬 작용도 활발하다 보니 어쩔 수 없다고 생각했다. 그런데 어른이 되면 괜찮아질 줄 알았던 피부는 안타깝게도 시간이 지나도 크게 나아지지 않았다. 학생 때보다는 덜했지만, 더 깨끗하고 뽀얀 피부를 갖고 싶다는 욕심은 버릴 수가 없었다.

그러다 우연히 아기처럼 하얗고 맑은 피부를 가진 남성 유튜버를 보게 되었다. 너무 부러웠고 비결이 있다면 당장이라도 따라 하고 싶었다. 다른 사람들도 마찬가지였는지 피부 관리 비법을 묻는 댓글이 많이 달렸고, 어느 날 그 질문에 대한 답변이 영상으로 올라왔다.

그 유튜버의 대답은 의외였다. 본인이 하루에 물을 4리터씩 마시는 '물 먹는 하마'라는 것이었다. 4리터……? 대체 어떻게 하루 종일 물을 4리터나 마신단 말인가……. 아무리 취미로 운동을 하고 있어서 물을 많이 마신다고 해도 너무 어마어마한 양이지 않은가.

생각해보니 나는 하루에 물을 채 500밀리리터도 마시지 않았다. 물보다는 커피를 더 많이 마셨고 물은 정말 갈증이 날 때만 한 모금씩 마시는 정도였다. 어쩌면 내 피부의 문제는 물 부족 때문일 수도 있겠다는 생각이 들어 곧바로 매일 물 2리터 마시기에 돌입했다.

✔ **목표: 3주 동안 하루에 물을 2리터씩 마신다.**

사막여우에서 물 먹는 하마로의 변신

일단 2리터짜리 생수 한 묶음을 사놓고 뚜껑에 날짜를 적어 매일 한 병씩은 비우겠다고 다짐했다. 그리고 컵에 300밀리리터 정도를 따라 원샷을 했는데 이게 웬걸, 어우, 느끼해. 갈증은 평소처럼 한 모금만으로 금세 해소되었고 이후에 들이켜는 물은 비릿하기만 했다. 물을 마시면서 이런 느낌은 처음이었다. 300밀리리터를 하루에 일곱 번만 먹으면 된다고 생각했는데 예상보다 쉽지 않은 도전이 될 것 같았다.

그래서 차라리 계속 물을 옆에 두고 야금야금 마시는 게 나을 것 같아 컵과 물을 항상 책상 위에 뒀다. 두 잔쯤 마셨을까, 바로 신호가 왔다. 너무 소변이 마려워서 바로 화장실로 뛰어갔다. 그리고 불길한 예감이 들었다.

'이거 왠지 하루 종일 화장실만 들락날락하겠는데?'

왜 슬픈 예감은 틀린 적이 없나. 나는 장염에 걸린 사람마냥 수시로 화장실을 찾았다. 다시 자리에 앉아 물 한 컵을 마시면 또 신호가 오고, 화장실에 다녀와서 조금 있다 물을 마시면 또 금세 신호가 온다. 내 몸에 무슨 문제가 생긴 줄 알았다. 평소에 물을 안 마시던 놈이 갑자기 들이부으니 장기들도 놀란 게 분명하다. 어쨌든 첫날에는 화장실을 일곱 번쯤 갔다. 조금 귀찮았지만 그다지 기분이 나쁘진 않았다. 오히려 노폐물이 빠져나가는 듯했고 저녁이 되었을 때 평소 같으면 푸석푸석했을 피부에 생기가 도는 기분마저 들었다.

물 마시기를 시작하니 자연스럽게 커피가 줄었다. 물만 해도 2리터를 마셔야 했기 때문에 다른 액체를 내 몸에 들일 여유가 없었다. 조금만 신경을 안 쓰고 물을 덜 마신 날에는 자기 직전에 500밀리리터를 원샷해야 하는 불상사가 일어난다. 그래서 공부할 때도, 일을 할 때도, 영상 편집을 할 때도 항상 옆자리에 물과 컵을 놔두고 컵이 비는 대로 채워가며 계속해서 물을 마셨다. 여전히 화장실은 자주 갔지만 이상하게 기분이 좋았다.

3~4일 정도 지나자 물을 4리터씩 마시는 그 유튜버를 조금 이해할 수 있었다. 특히 운동을 하고 나면 땀을 흘린 만큼 물을 보충해주기 위해 순식간에 1리터쯤을 마셨다. 그런 날에는 2리터를 다 마시고도 모자라 더 마셨고, 도전은 점점 수월해져 가뿐하게 매일의 목표를 달성할 수 있었다.

일주일쯤부터는 몸이 조금 익숙해진 걸까. 하루 종일 물을 마셔도 처음에 비해 화장실에 가는 횟수가 줄어들었다. 이제는 컵이 옆에 없으면 불안했다. 겨울에 도전을 시작한 터라 사무실에는 항상 히터가 켜져 있어 건조했는데, 가습기를 트는 것보다 물 한 잔을 마시는 게 피부에도 더 좋았다.

식습관에도 작은 변화가 생겼다. 보통 아침을 먹지 않고 출근해서 10시 정도만 되면 상당히 배가 고파서 편의점으로 달려가 삼각김밥 같은 주전부리를 사 먹었다. 그런데 아침부터 계속해서 물을 마시니 배가 고파도 차라리 물을 좀 더 마시고 나중에 점심을 맛있게 먹자는 생각이 들어 '모닝 편의점 라이프'에서 해방될 수 있었다.

삶의 질이 달라지는 인생 습관을 얻다

물 마시기는 내가 했던 도전들 중 가장 쉽게 루틴으로 정착했다. 게다가 결과도 놀라웠다. 혹시 몰라 도전 시작 전에 촬영해둔 피부 상태와 3주 후의 피부 상태를 비교해보니 정말 '꿀피부가 되어 있었다!'……까지는 아니었지만, 전체적으로 트러블

물 마시기는 내가 했던 도전들 중 가장 쉽게 루틴으로 정착했다.

이 많이 가라앉았고 톤도 화사해졌다. 노폐물이 빠져나간 것, 커피를 적게 마시게 된 것, 모닝 편의점 라이프를 그만두게 된 것이 복합적으로 작용했는지 이전보다 훨씬 피부가 깨끗해졌다. 전보다 피로도 훨씬 덜 느꼈고, 대장 활동도 활발해졌다. 물론 화장실을 하루 종일 왔다 갔다 해야 한다는 불편함이 있었지만 그 정도는 감수할 수 있었다.

그렇다면 물은 피부에만 좋은 걸까? 3주 동안 물 마시기에 도전하다 보니 새로운 궁금증이 생겼다. 사람 몸의 70퍼센트가 물로 이루어져 있다는 것은 잘 알려진 사실이다. 더 구체적으로 살펴보면 물은 혈액의 94퍼센트, 뇌와 근육의 75퍼센트를 차지한다. 물은 우리 몸의 노폐물을 배출하고 산소와 영양소를 운반하는 데 중요한 역할을 한다. 물이 조금만 부족해져도 온몸의 신진대사가 느려지고 독소를 제대로 배출하지 못하게 된다. 따라서 체내 수분량이 줄어들면 피로를 느끼거나 집중력이 떨어지기 마련이다. 도전이라는 우연한 계기였지만, 전반적인 삶의 질을 높이기 위해서라도 물 마시기는 선택이 아니라 필수라는 사실을 새삼 깨달았다.

이번 도전은 내가 가장 오랫동안 실천하는 습관이 되었다. 누군가 지금까지 이어오고 있는 도전이 무엇이냐고 물으면 자신 있게 '물 2리터 마시기'라고 이야기한다. 꾸준히 지속해오다 보니 확실히 물을 많이 마셨을 때와 그렇지 않을 때의 컨디션이 다르다는 것이 느껴진다. 특히 우리는 일상적으로 커피와 술을 달고 살지 않는가. 둘 다 우리 몸의 수분을 빼앗아가는 녀석들이기 때문에 그보다는 물을 더 가까이 두고 지내는 게 건강에도 좋다.

유튜브를 하면서 건강한 인생 습관 하나를 얻어서 기쁘다.

앗, 갑자기 이런 광고 카피 하나가 떠오른다.

'마신 날과 많이 마신 날의 차이. 경험해보세요.'

한국타잔의 도전일지

목표	매일 물 2리터씩 마시기
기간	3주
선정 이유	평소에 물을 잘 마시지 않아 피부 상태가 안 좋은 것 같다.
실천 방법	▪ 2리터짜리 생수를 사서 뚜껑에 날짜를 써둔다. 이렇게 하면 정확히 어느 정도 물을 마셨는지 확인하기가 쉽다. ▪ 책상 위에 컵과 생수를 두고 틈날 때마다 마신다. ▪ 낮에 물을 적게 마실 경우, 밤에 한꺼번에 마셔야 할 수도 있으므로 시간을 정해두고 알람을 맞춰둔다.
챌린지 키워드	▪ **신진대사**: 노폐물이 배출되어 혈액순환이 활발해졌다. ▪ **꿀피부**: 피부에 촉촉함과 생기가 더해졌다. ▪ **활력**: 전반적인 건강 지표가 개선되어 활기가 생겼다.

이런 분들께 추천해요

▪ 물보다 커피, 음료 등을 더 많이 마신다.
▪ 피부 트러블이 자주 생긴다.
▪ 오래 지속할 수 있는 쉬운 루틴이 필요하다.

한국타잔의 도전 꿀팁

▪ 많은 양의 물을 한 번에 마시는 건 생각보다 쉽지 않다. 물병과 컵을 옆에 두고 수시로 마시는 것을 추천한다.
▪ 도전 초기에는 평소보다 화장실을 자주 갈 수 있지만 익숙해지면 그 횟수도 줄어들 테니 너무 걱정하지 말자.

05

5초의 법칙
실행하기

무기력한 뇌를 깨우는 뇌 정리법

진행 기간: 평상시

고질적인 정각병 치료하기

나에겐 정각병이 있다. 무언가 해야 할 일이 생겼을 때 정각 또는 30분에 맞춰서 시작하려고 하는 고질병이다. 시간을 칼같이 지키기로 유명했던 칸트처럼 완벽한 인간이라면 참 좋겠지만, 실은 특별한 이유도 없이 당장 일어나서 무언가를 하고 싶지 않은 게으름 때문에 정각에 시작해야 한다는 말도 안 되는 명분을 끄집어낸 것뿐이다.

더 큰 문제는 정각이 되었다고 해서 바로 움직이지도 않는다는 것이다. '7시부터 해야지' 생각하고 유튜브를 보다가 7시 3분이 되면 '에이, 이왕 이렇게 됐으니 그냥 7시 30분에 하자'로 마음을 바꾸고 27분을 더 버틴다. 나뿐만 아니라 많은 사람이 겪는 불치병으로, 그만큼 생각한 즉시 행동한다는 것은 결코 쉬운 일이 아니다.

어렵거나, 무섭거나, 불확실한 일을 하기 전에 망설이는 것은 인간의 본능적인 행동이다. 당장 어떻게 손을 댈지 몰라 두려운 나머지 내면의 회피 기제가 작동하게 된다. 그런데 당장 실행하기에 어려운 일이 아님에도 습관적으로 일을 미룬다면 일상이 제대로 굴러갈 리가 없다. 알람이 울리면 한 번에 일어나기, 운동 가기, 공부하기, 핸드폰을 내려놓고 과제하기, 독서하기, 새로운 아이디어가 떠올랐을 때 실행하기 등. 모두 내가 바로 시작하지 못하는 일들이다. 그러던 중 우연히 《5초의 법칙》이라는 책을 발견했고, 이 내용대로 실천하면 고질적인 정각병을 고칠 수 있을 것 같았다.

미국의 라이프 코치이자 작가인 멜 로빈스가 2017년에 출간한 《5초의 법칙》은 그가 인생 최악의 시기를 슬기롭게 극복하고 다시 일어선 방법을 담고 있다. 로빈스는 로스쿨을 졸업하고 국선변호사로 커리어를 시작하면서 전도유망한 20대를 보냈다. 그러나 출산 이후 단절된 경력, 부도 직전의 사업, 소원해진 부부 관계, 재정적인 어려움 등 계속해서 큰 위기에 부딪히면서 마흔 살의 나이에 모든 것을 포기하게 되었다.

그는 어떻게든 이 상황을 타개하려고 해도 우울하고 무기력한 삶의 루틴에 갇혀 쉽게 행동하지 못하다가 TV에서 로켓이 발사되는 장면을 보고 한 가지 깨달음을 얻는다. 5초의 카운트다운 후에 발사되는 로켓처럼 무슨 일을 해야겠다는 마음이 들면 5초를 세고 즉시 일어나 실행한다는 룰을 세운 것이다. 이것이 바로 '5초의 법칙'으로, 이 간단한 규칙 덕분에 그는 벼랑 끝에서 당당하게 날개를 달고 다시 날아올랐다. 뿐만 아니라 다른 수많은 사람의 삶까지도 변화시켜주는 라이프 코치로 활약하게 되었다.

처음 이 책을 읽었을 때는 '5부터 1까지 거꾸로 세면 몸이 움직여진다'는 말이 그럴싸할 뿐, 기존의 다른 자기계발서에 나오는 내용과 크게 다르지 않다고 생각했다. 그렇지만 계속해서 핑계를 대며 미루는 나의 정각병을 고치고 싶다는 강한 바람이 있었기에 속는 셈치고 5초의 법칙을 시도해보기로 했다.

✔ 목표: 미루고 싶은 행동이 있을 때
5초의 법칙을 실행한다.

뇌를 속이는 것은 나의 게으름일 뿐

5초의 법칙을 처음 시도했을 때는 막 대학교를 졸업하고 취업을 준비하던 시기였다. 몸을 바쁘게 움직여야 하는 만큼 일찍 일어나야겠다고 생각하면서도 아침 8~9시가 되도록 쉽게 눈을 뜨지 못했다. 휴학 기간 중에 6시에 일어나던 열정은 어디 갔는지, 좀처럼 내가 맞춘 시각에 곧바로 일어나는 일이 쉽지 않았다. 그래서 일어날 때부터 5초를 세보자고 마음먹었다.

책에서 시키는 대로 알람을 맞춘 핸드폰을 침대 옆이 아니라 책상 위에 올려두었고 알람이 울리면 5초를 세고 일어나기로 했다. 다음 날 아침, 요란한 알람 소리가 귓가를 울려댔다. 평소처럼 다시 끄고 자고 싶었지만 일단 마음속으로 5초를 세어보았다.

5, 4, 3, 2, 1······. 일어났다!

솔직히 5초를 세기 시작하면서부터 몸이 들썩들썩했다. 굳이 숫자를 끝까지 세지 않아도 이미 내 몸은 일어나야 한다는 신호를 받는 듯했다.

"이게······ 되네?"

오랜만에 일찍 일어난 나 자신에게 놀라 피식 웃으면서 혼잣말을 했다. 사실은 책에서 과학적 근거를 들어 5초의 법칙을 설명하길래 '이건 의지의 차이지, 별 이론을 다 갖다 붙이네'라고 생각했는데 그게 아니었다.

> 숫자를 세는 동안 우리의 뇌는 변명 찾기에서 관심을 돌려 새로운
> 방향으로 움직이는 데 집중하게 된다. 생각하려고 동작을 멈추는
> 대신 몸을 움직일 때 생리적인 변화가 일어나고, 머릿속에서도 이
> 런 변화에 동조하게 된다.
>
> _《5초의 법칙》(멜 로빈스, 한빛비즈, 2017, P.47)

반박할 수 없었다. 뇌는 내가 변명하려고 마음먹으면 그것에만 집중했다. 그러나 관심을 조금이라도 다른 곳으로 돌리면 금세 내 뜻대로 따라와 주었다. 게으름이나 미루는 습관은 뇌가 아니라 내가 만들어낸 착각이었다.

자기계발서의 뇌과학 이론이 내 삶에 유효하게 작용한 건 이번이 처음이었고, 이 한 번의 경험 덕분에 나는 계속해서 5초의 법칙을 실천하게 되었다. 당시 바디프로필 촬영을 앞두고 극단적인 식단을 병행하면서 운동을 하고 있던 때라 정신력과 체력이 모두 약해져서 헬스장에 가기 싫을 때가 많았는데, 그때마다 5초의 법칙이 무기력해진 나를 일으켜주었다. '어차피 지금 해도 극적인 변화는 없는데'라고 생각하며 운동을 쉬려다가 숫자를 세기 시작하면 신기하게도 금세 일어나 운동화를

신게 되었다. 5초를 세는 순간부터 가기 싫다는 생각과 숫자가 막 뒤엉켜 싸우다가 결국 숫자가 이기는 일이 반복되었다. 부정적인 생각을 5초 카운트다운이 밀어냈다.

거창한 일이 아니라 귀찮거나 사소한 일상에서도 마찬가지였다. 설거지나 책상 정리같이 빨리 처리할 수 있지만 굳이 지금 하지 않아도 되기 때문에 미뤘던 일들도 5, 4…… 하는 순간 곧바로 시작하게 된다.

이때 인생이란 대단한 결심이나 성취로 완성되지 않는다는 것을 알았다. 일상에서 모으는 작은 결심이 큰 성취를 만들어내고 그러다 보면 나도 모르는 사이에 삶의 만족도가 한 뼘쯤 자라 있다. 5초의 법칙은 이러한 작은 성취를 만든 일등공신이었다. 불필요한 고민을 5초 만에 정리해주고 헛되이 흘려보내는 시간을 충실하게 채울 수 있도록 도와주었다.

일상에서 작은 성취를 만드는 방법

《5초의 법칙》과 비슷한 내용을 다룬 개리 비숍이 쓴 《시작의 기술》이라는 책이 있다. 이 책의 부제는 '침대에 누워 걱정만

하는 게으른 완벽주의자를 위한 7가지 무기'다. 나는 5초의 법칙을 이 말을 조금 바꿔 '침대에 누워 생각만 하는 게으른 행동주의자를 위한 한 가지 무기'라고 말하고 싶다. 인생에 큰 변화를 주기 어려워하는 사람에게는 한 가지 사소한 습관이 큰 성공으로 이어질 수 있다는 의미다.

'당신이 생각만 하고 있을 때 남들은 이미 하고 있다.'

생각해보니 난 5초의 법칙을 이미 경험한 적이 있었다. 바로 턱걸이 열 개에 도전할 때였다. 당시 이 목표를 이루기 위해 '생각도 안 하고' 바로 치닝디핑(실내용 턱걸이 운동 기구)을 구매했다. 그때는 5초도 아니고 해야겠다는 생각이 들자마자 바로 카드를 긁었다. 그리고 기구가 도착한 날 도전을 시작했고, 73일 만에 턱걸이 열 개에 성공했다. 이 내용을 유튜브에 올리자 마음먹고 곧바로 실천한 도전이라 그런지 조회수도 무려 50만 회나 나왔다. 그때에 비해 요즘은 기획하고 연출을 구상하고 콘텐츠를 어떻게 구성할지 준비하다가 힘을 다 빼서 막상 시작하지 못하는 경우가 많았다.

다행히 5초의 법칙은 취업을 한 지금까지도 아주 잘 써먹고 있다. 나에겐 정각병과 함께 계획병이라는 불치병이 하나 더 있다. 업무를 시간대별로 완벽하게 계획하지 못하면 아예 시작조차 하지 못하는 병이다. 우선순위를 정하는 건 좋지만 세세하게 일정을 짜는 데만 시간을 쏟다 보니 막상 일을 제시간 안에 못하는 경우가 많았다. 그래서 이제는 업무 순서만 대충 짜놓은 후에 5초부터 센다. 5, 4, 3, 2, 1. 계획하느라 시간을 쏟는 대신 즉시 업무를 시작했더니 그 결과는 칼퇴로 이어졌다. 효율을 고민하지 않고 당장 실행에 옮기자 예기치 못한 보상이 덤으로 따라온 것이다.

로빈스는 "기다리고, 생각하고, 거의 ~한 것은 중요하지 않다. 무엇이든 바꾸려면 실제로 해야 한다."고 말했다. 지금 당장 내가 뭘 해야 할지 모르는 사람은 없다. 알면서도 하지 않을 뿐이다. 혹시 지금 해야 할 일이 생각났는가? 그렇다면,

5, 4, 3, 2, 1.

Don't think, just do!

한국타잔의 도전일지

목표	5초의 법칙 실행하기
기간	수시로 진행
선정 이유	일을 미루는 습관을 고치고 싶다.
실천 방법	▪ 어떤 일을 하기 전에 미루거나 기다렸다 하는 습관이 있는지 생활 태도를 돌아본다. ▪ 해야 할 일이 생각나면 5초를 센 후 곧바로 시행한다. ▪ 처음에는 기상이나 설거지처럼 사소한 일부터 시작한다. ▪ 점차 운동에 가거나 업무 시작처럼 중요한 일로 넓혀간다.
챌린지 키워드	▪ **용기**: 무슨 일이든 당장 할 수 있다는 자신감이 생겼다. ▪ **실행력**: 계획에 투자하던 에너지를 실행에 쓰게 되었다. ▪ **성실함**: 게으른 성향이 아니라는 사실을 깨달았다.

이런 분들께 추천해요

▪ 오늘의 할 일을 내일의 나에게 미룬다.
▪ 작심삼일도 힘든 프로 의지박약러다.

한국타잔의 도전 꿀팁

▪ 할 일이 생겼을 때는 할까 말까 고민하기보다 일단 5초 숫자를 세는 것에 집중하면 저절로 행동하게 된다.
▪ 작은 성취가 모여 큰 성취로 이어진다는 사실을 기억하자.

06

한 달 동안
쓰레기 모으기

혼자만이 아니라 더불어 잘 사는 방법

진행 기간: 한 달

지구를 생각하는 작은 도전의 시작

태평양 한가운데에는 '쓰레기 섬'이라는 끔찍한 이름을 가진 곳이 있다. 원래부터 존재하던 섬은 아니고 전 세계에서 바다로 들어간 쓰레기들이 해류와 바람의 영향으로 한데 모이면서 형성되었다. 쓰레기 문제는 하루 이틀 일이 아니지만, 얼마나 심각하길래 섬까지 생길 정도인가 궁금했는데 얼마 전 쓰레기로 인한 환경문제를 다룬 다큐멘터리를 보고 그 규모가 무려 대한민국 크기의 약 열여섯 배에 달한다는 것을 알게 되었다.

16분의 1도 아니고 열여섯 배? 내 머리로는 그 어마어마한 크기를 감히 짐작도 할 수 없었다. 순간 저절로 소리가 튀어나왔고 새삼스럽게 쓰레기 문제가 정말 지구에 위기를 초래할 만큼 심각하다는 사실이 피부로 와닿았다.

그렇다면 한국에서 배출되는 쓰레기의 양은 어느 정도일까? 1년 동안 배출되는 분량은 약 1억 6000만 톤으로 63빌딩 1,500채에 달하는 규모라고 한다. 여전히 이해가 가지 않았다. 63빌딩 한 채가 쓰레기로 가득 차 있다고 생각해도 끔찍한데 무려 1,500채라니.

지구 온난화가 점점 빨라지고 있다는 것은 어릴 때부터 끊임없이 들어왔고 뉴스에서도 환경문제의 심각성을 자주 이야기했지만 부끄럽게도 크게 경각심을 느끼진 못했다. 당장 내 일상에 지장을 주지 않는 데다 딱히 내가 할 수 있는 일은 없다고 생각했기 때문이다. 하지만 아주 조금 관심을 가져보니 전 세계뿐만 아니라 한국부터가 이미 쓰레기로 몸살을 앓고 있었다. 더구나 코로나19로 사람들이 가정에 있는 시간이 길어지면서 배달 음식 주문이 크게 늘었고, 일회용 플라스틱 역시 처리를 감당하기 어려운 수준으로 너무 많이 사용되고 있다. 매립지가 부족해 무단으로 투기되는 쓰레기도 걷잡을 수 없을 정도라고 한다.

도대체 한 사람이 쓰레기를 얼마나 만들어내길래 이렇게 기하급수적인 규모의 쓰레기 무덤이 탄생하는 걸까? 평소에는 쓰레기통을 자주 비우므로 체감하지 못하기 때문에 한 달 동안 내가 만드는 쓰레기를 전부 모아보기로 했다. 버리지 않고 쌓아두어야 얼마나 심각한 수준인지 비로소 알게 될 것 같았다.

✔ 목표: 한 달 동안 내가 만든 쓰레기를 버리지 않고 모두 모은다.

1년 동안 내가 만드는 쓰레기의 양 = 2,000리터

쓰레기는 집에서 발생하는 것뿐만 아니라 밖에서 내가 만들어
내는 것까지 포함하기로 했다. 이렇게 결심하자 내 눈에 띄는
거의 모든 게 쓰레기라는 사실을 깨달았다. 라면 봉지, 과자 봉
지, 박스에 붙은 송장과 테이프, 생수통 등 무엇 하나 쓰레기가
아닌 것이 없었다. 현관문에 붙은 마트 전단지, 매끼 챙겨 먹는
조미김 역시 김을 빼면 비닐과 플라스틱으로 된 쓰레기였다.
밖에서 쓰거나 받는 것도 대체로 테이크아웃 커피잔, 영수증,
식당에서 주는 물티슈 같은 일회용품투성이였다.

　3일 만에 집에 있는 분리수거함이 꽉 찼다. 평소 같았으면
당장 분리수거장으로 들고 내려가 비웠겠지만 그럴 수 없었다.
최대한 부피를 줄이기 위해 페트병과 캔을 찌그러트리고 모양
이 비슷한 플라스틱 용기들끼리 포개봤지만 유의미한 차이는
없었다. 근본적으로 쓰레기 자체를 줄여야 했다.

　물론 의식한다고 해서 쉽게 달라지지는 않았다. 플라스틱
을 조금이라도 줄여보고자 음식을 직접 해 먹으려고 마트에
가보니 대부분의 식재료나 식품은 비닐로 포장돼 있었다. 마트

에서 비닐 없는 식재료를 선택하기란 거의 불가능에 가까웠다. 배달 음식도 최대한 적게 먹으려고 노력했고 어쩌다 배달을 시킬 때는 '일회용 수저 안 받기' 옵션을 선택했지만, 음식 포장용만으로도 최소 5~6개의 플라스틱 용기가 나왔다.

한번은 친구와 횟집에서 배달을 시켰다가 정말이지 경악을 금치 못했다. 둘이서 먹을 2만 5000원짜리 작은 세트에 모든 식재료가 개별 포장된 채 담겨 있어서 비닐, 스티로폼, 플라스틱, 랩이 끊이지 않고 쏟아졌다. 도대체 회를 시킨 건지 일회용품 세트를 시킨 건지 모를 정도였다.

2주가 지나자 쓰레기는 80리터짜리 봉투에 꽉 차게 들어갈 만큼 모였다. 한 달 동안 쌓아두기 위해 되도록 깨끗하게 설거지를 했는데도 악취는 피할 수 없었다. 이미 죄책감은 충분히 느끼고 있었으므로 당장이라도 이 도전을 그만두고 싶었지만, 처음 계획한 한 달 동안 얼마나 많은 쓰레기가 나올지 궁금했다.

그렇게 한 달을 무사히 마치고 도전 리뷰를 녹화하기 위해 그동안 모아둔 쓰레기를 봉지째 가져왔다. 봉지에 담겨 있으니 얼마나 많은 양인지 감이 오지 않아서 그대로 그 쓰레기들을 온 방에 뿌렸다. 고작 한 달 모은 것만으로 내 방의 절반이 가득 찼다. 리터로 계산해보니 180리터, 1년이면 혼자서 2,000

리터의 쓰레기를 만드는 셈이었다. 도전을 하면서 그나마 쓰레기 양을 줄이고 줄여서 이 정도이니, 아마 실제로는 그보다 훨씬 많을 것이다. 가장 많은 비중을 차지한 쓰레기는 당연히 페트병과 배달 용기 같은 플라스틱이었다.

최선의 재활용은 소비하지 않는 것

오늘도 신문에는 환경문제를 다룬 기사가 끊임없이 쏟아진다. 그 내용도 다양해서 어느 날은 지구온난화, 어느 날은 해양오염, 또 어느 날은 생태계 파괴, 대기오염, 미세먼지 등 문제가 아닌 곳이 없을 정도다.

이번 도전은 성취감을 느끼기는커녕 오히려 죄책감을 불러일으키는 끔찍한 일이었다. 그럼에도 이 도전을 선택한 이유는 나를 포함해 다 같이 사는 이 세상이 벼랑 끝에 도달했다는 위기의식 때문이었다. 아무것도 할 수 없을 거라는 자포자기에서 벗어나 뭐라도 해보면 아주 작은 틈새에서 문제의 실마리가 보인다.

이 도전으로 나는 여러 환경문제 중에서 쓰레기 문제에 조금 더 관심을 갖게 되었다. 우리나라는 쓰레기 배출이나 재활용 시스템이 미국이나 유럽에 비해 체계적임에도 불법 폐기 쓰레기가 약 120만 톤이고 전국에 총 200여 개의 쓰레기 산이 있다. 플라스틱 재활용률도 약 30퍼센트에 불과하다. 쓰레기 문제가 해결되기 위해서는 국가의 노력도 중요하지만 결국 개인의 노력이 필수적으로 동반되어야 한다.

한 가지 다행인 점은 코로나19로 일회용 쓰레기 문제가 심각해지면서 정확한 재활용 방법이나 분리배출에 대한 대중의 이해가 점점 올라가고 있다는 것이다. 여전히 잘 모르겠다면 '내손안의분리배출' 같은 어플을 활용하는 것도 좋다. 그러나 도전하면서 한 가지 분명하게 깨달은 점은 아무것도 소비하지 않는 것만큼 가장 확실하고 중요한 실천은 없다는 것이다. 꼭 필요하지 않은 물건을 사지 않는 것만으로도 탄소 발자국과 일회용품의 사용을 대폭 줄일 수 있다. 절약하는 소비습관은 덤으로 얻을 수 있었다.

감사하게도 콘텐츠를 업로드한 후 많은 분이 교육자료로 사용하고 싶다는 메일을 주셨다. 나는 뿌듯한 마음으로 흔쾌히 허락했다. 외국인들도 보았으면 하는 바람에 직접 비용을 지불하고 영어 자막도 달아놓았다. 언젠가 이 영상이 알고리즘의 선택을 받아 더 많은 사람에게 닿길 바란다.

한국타잔의 도전일지

목표	한 달 동안 쓰레기 모으기
기간	한 달
선정 이유	성인 한 명이 얼마나 많은 쓰레기를 배출하는지 궁금했다.
실천 방법	▪ 한 달 동안 집 안팎에서 발생하는 쓰레기를 모두 모은다. ▪ 일반 쓰레기와 재활용 쓰레기 모두 포함된다. ▪ 플라스틱과 같은 재활용 쓰레기는 설거지해서 최대한 악취를 막는다. ▪ 한 달 후, 몇 리터의 쓰레기가 모였는지 측정해본다.
챌린지 키워드	▪ **환경**: 그동안 관심이 적었던 환경문제의 심각성을 깨달았다. ▪ **절약**: 자원 순환 문제를 고민하며 불필요한 소비를 줄였다. ▪ **지속 가능한 삶**: 모두 함께 잘 사는 삶을 생각하게 되었다.

이런 분들께 추천해요

▪ 배달음식을 자주 시켜 먹는다.
▪ 일회용품을 자주 사용한다.

한국타잔의 도전 꿀팁

▪ 한 달 동안 쓰레기가 정말 많이 나오기 때문에 도전하는 동안에는 의식적으로라도 쓰레기를 줄이는 것이 좋다.
▪ 특히 배달 음식에 일회용품이 많이 사용되므로 마트에서 식재료를 사서 직접 해 먹는 것이 도움이 된다.

STEP 1
목표를 쉽게 달성하는 다섯 가지 방법

다른 사람의 성공은 항상 대단해 보이기 마련이다. 하지만 나 역시 사실은 게으르고 나태한 사람이다. 이런 내 모습을 객관적으로 파악하고 벗어나기 위해 유튜브를 시작했다. 여기에서는 실패를 두려워하는 사람들을 위해 지난 3년 동안 온갖 도전에 성공하고 실패하며 쌓아온 나름의 성공 노하우 다섯 가지를 공유한다.

1. 한 번 뱉은 말은 주워 담을 수 없다.
_ 여기저기 소문내기

어떤 계획을 세울 때는 대부분 다이어리나 블로그, 메모장, 어플 등 여러 가지 방법으로 목표를 기록한다. 하지만 나는 그보다 다른 사람에게 이야기하는 것을 더 추천한다. 내가 유튜브를 운영하게 된 것도 같은 이유에서다. 목표는 입으로 뱉어 남들에게 이야기하는 순간 추진력을 얻는다. 마땅히 말할 사람이 없다면 고양이, 강아지에게라도 이야기한다.

2. 큰 성공 뒤에는 항상 작은 성공이 숨어 있다.
_ 실현 가능한 목표 세우기

다음 두 가지 목표를 비교해보고 어떤 것이 가능할지 생각해보자.
① 5년 안에 10억 만들기 ② 한 달에 100만 원 모으기
첫 번째 목표는 보기만 해도 숨이 막히지 않는가? 나 역시 50만 구독자 달성, 유 퀴즈 출연 같은 이상적인 목표도 있지만, 실제로는 인스타그램 지우기, 하루에 물 2리터 마시기, 매일 일기 쓰기 등 비교적 실현 가능한 일에 도전했다. 무작정 이상을 좇기보다 작은 성공이 쌓이면서 큰 성공이 따라옴을 잊지 말자.

3. 내가 한 생각은 이미 누군가 한 적이 있다.
_ 비슷한 도전 사례 찾아보기

이 세상에 '최초'란 없다. 대부분의 발명은 다른 사람에게 영감을 받아 발전시키면서 생겨난 것이다. 내가 하는 도전도 마찬가지! 유튜브나 블로그, 다른 채널을 찾아보면 같거나 비슷한 도전을 한 사람이 적어도 한 명은 있기 마련이다. 시작하기 전 그들의 도전기를 살피면서 동기부여를 받아보자.

4. 한 사람의 열 걸음보다 열 사람의 한 걸음이 낫다.
_ 함께할 사람 만들기

내가 한 도전 중에도 미라클 모닝이나 마라톤처럼 구독자나 친구 들과 함께한 것들이 있다. 혼자 하는 도전도 나의 의지력을 시험하는 데 좋지만, 스스로 의지가 약하다고 생각한다면 주변 사람에게 함께하자고 권해보자. 분명 서로에게 긍정적인 시너지를 줄 수 있을 것이다.

5. 내년은 눈 한 번 깜빡하는 사이에 온다.
_ 고민하지 말고 바로 실행하기

이 책을 읽는 사람이라면 아마 자기계발에 매진하는 사람일 확률이 높다. 그들은 자신의 장단점이 무엇인지 잘 알고 있으며 매년 새해 계획을 세운다. 그렇다면 무엇 때문에 내년까지 기다리는가? 지금 당장 시작하라! 우리는 내일이 다음 주가 되고, 곧 다음 달로, 다시 내년으로 미뤄지는 일을 여러 번 경험했다. 따라서 내년 계획이라는 것은 무의미하다. 성공의 성패는 지금 하느냐, 지금 하지 않느냐에 달렸다.

Part 2

하루 30분,
나를 위한 시간

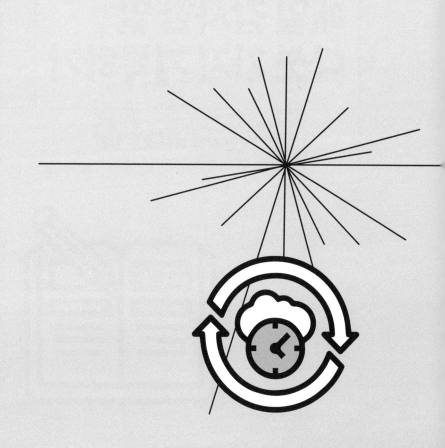

07

매일 감사한 일 다섯 가지 기록하기

긍정적인 삶을 위한 작은 실천

진행 기간: 한 달

우리는 얼마나 감사하며 살고 있을까?

하루를 돌아보면 '감사한 순간'이 몇 번이나 있을까? 조금 더 쉬운 질문으로 바꿔보면 나는 하루에 '감사하다'는 말을 몇 번이나 할까? 바로 떠오르는 상황은 카페에서 주문 후 결제하고 카드를 돌려받을 때 정도가 다인 것 같다. 아니면 회사나 학교에서 누군가에게 도움을 받고 고마움을 표시할 때 정도가 추가되려나. 나에게 감사란 예의를 표하거나 어떤 도움을 받았을 때 쓰는 표현 정도로 한정되어 있었다.

이랬던 내가 감사함에 대해 다른 시각을 갖게 된 계기가 있다. 바로 한 달 동안 매일 일기 쓰기에 도전하면서부터다.

처음 일기를 쓰겠다고 마음먹었을 때는 무엇을 써야 할지, 어느 정도로 써야 할지 도통 감이 오지 않아서 《하루 5분 아침 일기》의 형식을 빌렸다. 이 책은 몇 가지 질문에 답하는 방식으로 일기를 쓰게 되어 있는데, 그중 첫 문항이 바로 '이 순간 감사한 세 가지'를 적는 것이었다. 누군가에게 도움을 받았거나 예의를 표해야 하는 상황이 아니라 아침에 일어나자마자 머릿속에 떠오르는 세 가지 감사를 적어야 한다는 원칙이었다.

'아무것도 한 게 없는데 감사한 일을 적으라고……?'

약간 어색했지만 머리를 굴려보니 나름 감사한 일 몇 가지가 떠올랐다. 상쾌한 기분으로 눈을 뜬 일, 아침에 일어나서 갈 곳이 있는 것, 지금 당장 큰 걱정거리가 없는 것도 감사거리였다. 이렇게 일기 쓰기 도전을 잘 끝내고 나니 어쩐지 아쉬운 기분이 들었다. 그래서 이후 얼마 지나지 않아 한 달 동안 매일 감사한 일 다섯 가지를 기록해보기로 했다. 매일 어떤 순간이 찾아올지 너무 궁금했고, 정말 감사한 순간이 그렇게나 많다면 내 삶이 어떻게 달라질지 기대되었다.

　✔ **목표: 한 달 동안 매일 감사한 일 다섯 가지를 기록한다.**

평범한 일상이 감사로 반짝였던 순간들

일단 까먹지 않고 다섯 가지를 기록하기 위해 전지를 펼쳐 한 달짜리 달력을 그리고 책상 앞에 붙여놓았다. 잊지 않고 규칙적으로 해야 할 일이 있을 때 전지에 적어 벽에 붙여놓으면 어마어마한 크기 때문에 눈에 안 띌 수가 없다. 그렇게 해두니 '매일 감사한 일 다섯 가지 기록하기'라는 글이 계속해서 눈에 들어왔고 그걸 보는 순간마다 '내가 지금 감사한 일이 뭐가 있지?' 하고 생각하게 되었다.

도전 첫날 저녁, 책상 앞에 앉아 하루 동안 아침부터 저녁까지 무슨 일을 했는지, 무슨 생각을 했는지 곰곰이 돌아보았다. 걱정과는 달리 감사한 일이 손끝에서 술술 써졌다.

1. 감사 프로젝트를 시작한 것
2. 요가를 성공적으로 시작한 것
3. 좋은 후배들을 만나 '사자가 학교 갈 때' 촬영을 잘 마친 것
4. '챌린지 윗 타잔' 때 필요한 깃발 디자인을 끝낸 것
5. 저녁에 에어컨을 안 켜도 밤바람이 시원한 것

'이야…… 이게 이렇게 쉽게 되네…….'

이날 감사 프로젝트를 시작하지 못했을 수도, 요가 도전이

흐지부지되었을 수도, 후배들과의 촬영에 문제가 생겼을 수도, 깃발 디자인을 제대로 마무리 짓지 못했을 수도, 밤바람이 시원하지 않아 열대야에 시달렸을 수도 있다.

　하루 동안 감사할 일이 다섯 가지나 된다는 사실이 놀라웠고, 오늘도 충실하게 살았다는 생각에 뿌듯했다. 처음 전지에 다섯 가지를 적을 때까지만 해도 억지스럽다는 생각도 있었다. 그냥 내가 오늘 한 일에 '감사하다'는 말만 갖다 붙인 것 아닌가? 그런데 그게 포인트였다. 무엇이든 갖다 붙이는 것. 매일 겪는 똑같은 일이라도 감사함을 붙이느냐 지루함을 붙이느냐에 따라 그날 하루의 온도가 180도 달라졌다. 보통 새로운 도전을 시작하면 차츰차츰 적응해가면서 여러 가지를 느끼기 마련인데, 이번에는 도전 첫날부터 '이거구나!' 하는 생각이 강하게 들었다.

　물론 그렇다고 해서 다섯 가지 감사한 일을 찾는 게 마냥 쉽지는 않았다. 특별한 일이 생기지 않는 날에도 평범한 일상에서 감사함을 찾기 위해서는 의식적으로 노력해야 했다. 신기하게도 곰곰이 생각해보면 하루에 감사한 일이 다섯 가지는 꼭 있었고, 정말정말 정 생각이 나지 않으면 그냥 네 개만 쓰고 놔두었다.

　2주 후부터는 감사한 일들을 그때그때 기록하면 더 좋을 것 같아서 핸드폰 메모장을 활용하기 시작했다.

31일

치킨을 앞에 두고 간헐적 단식 성공한 것

머리 잘랐는데 마음에 든 것

마라톤을 위한 모든 준비를 마친 것

함께 누워서 떠들 수 있는 친구들이 있다는 것

턱걸이 세 개 했는데 허리가 안 아픈 것

1일

'챌린지 윗 타잔'을 성황리에 잘 끝낸 것

아무도 안 다치고 마라톤을 즐겨주신 것

정말 좋은 말만 해주시고 응원해주신 것

선물과 편지를 받은 것

같이 뛰어주고 도와주는 친구들이 있다는 것

마이프로틴 링크가 생성된 것

안과를 갔는데 빨리 진료받고 약도 받아온 것

약한 강도로 운동할 수 있을 정도로 허리가 나은 것

밥 두 끼를 잘 챙겨 먹을 수 있는 것

여유롭진 않지만 그래도 쓸 돈이 있는 것

용희 형 만나서 기분 전환한 것

나를 알아봐주시고 좋아해주시는 분이 있다는 것

일찍 잠자리에 누울 수 있는 것

2주간의 간헐적 단식을 잘 마무리한 것

– 생각이 안 난다!

정말 별거 없지 않은가? 혹 이 글을 읽는 독자들 중에서 나의 메모를 보고 '이게 무슨 감사까지 할 일이야?'라고 콧방귀를 뀌는 분이 있을지도 모르겠지만 하나하나 따져보면 내가 누리지 못하는 일일 수도 있었다. 자기계발서나 심리학 도서에서는 하나같이 긍정적인 생각이 삶의 만족도를 높여준다고 하는데 도전을 지속하다 보니 그것이 '감사하는 마음'에서 비롯된 것은 아닐까 하는 생각이 들었다.

감사한 일을 기록하는 건 꽤 빠르게 습관으로 정착했다. 하루는 친구들과 운동을 하고 오랜만에 한잔하다가 과음을 하게 되었다. 평소보다 술을 많이 마셔서 그런지 다음 날 아침에 일어나자 기억이 흐릿했다. 그리고 감사 메모를 쓰지 못했다는 생각이 들어 화들짝 놀랐는데, 핸드폰을 뒤져보니 취한 와중에도 잊지 않고 써놓긴 해서 어이없이 웃은 일도 있었다. 글에서도 술 냄새가 나서 공개하긴 부끄럽지만 감사가 습관이 되었다는 소중한 증거이기 때문에 용기 내어 내용을 첨부해본다.

태풍 링링 심하지 않은 것

완식이 태혁이 준서랑 겉이 운동 하누거

허리거 많이 아파지 않르누덛

영상에 쓸 운동영사우많이 찍어 준 것

감자기 세부 여행 비행기표 예매한 덛

(지나친 음주는 건강에 해롭습니다.)

감사하는 마음은 삶에 축복이 된다

감사한 일들을 기록한 지 한 달. 나에겐 150개의 감사 목록이 생겼다. 그동안 나에게 정말 특별한 일들이 많이 일어난 것일까? 그렇지 않다. 나의 일상, 환경은 어느 것 하나 바뀌지 않았고 여느 때와 똑같았다. 달라진 것은 단 하나, 내 마음뿐이었다. 사소한 일에도 감사하고자 하는 마음이 더 큰 감사를 불러일으켰고 내 삶의 만족도를 높여준다는 사실을 이번 도전으로 알게 되었다.

도전을 끝낸 이후로 나에게는 한 가지 새로운 습관이 생겼다. 바로 스트레스를 받거나 힘든 일이 생겼을 때 부정적인 감정에 집중하기보다 감사한 일은 없는지 먼저 찾는다는 것이다. 나를 가라앉게 하는 감정이 휘몰아칠 때, 그 상황마저 감사하다고 생각하면 '그래 이 정도면 충분하지', '더 나쁜 상황이 아닌 것에 감사하자'는 마음으로 상황을 객관적이고 긍정적으로 바라볼 수 있었다.

팍팍한 삶에 뭐 그리 좋은 일이 많을까 하는 생각이 들겠지만, 억지로라도 감사하다는 생각을 한 번 하기 시작하면 사소한 일상에도 따뜻한 바람이 불어올 것이다. 그리고 그 마음은 마치 전염병처럼 내 옆 사람에게도 미소와 행복을 전달해준다. 행복해서 웃는 게 아니라 웃어서 행복하다는 말도 있지 않은가. 감사하다는 생각을 습관적으로 하다 보면 어느 순간 진심으로 감사한 일이 가득한 일상이 될 수 있다. 잠시 펜을 들고 이 순간 감사한 다섯 가지를 기록해보자. 틀림없이 다섯 가지 이상이 생각날 것이다.

이 글을 빌려 내 채널을 구독해주시고 내 글을 읽어주시는 여러분께 다시 한번 감사의 인사를 전한다.

"정말 감사합니다."

한국타잔의 도전일지

목표	매일 감사한 일 다섯 가지 기록하기
기간	한 달
선정 이유	평범한 일상 속에서 감사한 순간을 찾아내고 싶다.
실천 방법	▪ 벽에 전지를 붙여서 한 달짜리 달력을 그려두고 매일 감사한 일 다섯 가지를 적는다. ▪ 아침에 일어나자마자 혹은 잠들기 직전 등 시간을 정해두면 하루를 준비하거나 마무리하는 데도 도움이 된다.
챌린지 키워드	▪ **감사**: 사소한 일상이 특별해졌다. ▪ **긍정**: 힘든 상황에서도 긍정적인 시각을 갖게 되었다. ▪ **에너지**: 주변 사람과 내 일에서 힘을 많이 받았다.

이런 분들께 추천해요

▪ 반복되는 일상이 지루하다.
▪ 스트레스를 풀고 삶을 긍정적으로 바라보기 위한 루틴이 필요하다.

한국타잔의 도전 꿀팁

▪ 억지로 감사한 일 다섯 가지를 채우려고 애쓰기보다 처음에는 3~4개를 채우고 점차 개수를 늘려나가는 것도 괜찮다.
▪ 일정한 시간에 하루를 돌아보며 작성하는 것도 좋지만 감사함을 느낄 때마다 수시로 핸드폰에 메모를 작성하면 나중에 잊어버리지 않아 편리하다.

08

매일 30분
명상하기

가볍게 마음을 비워내는 방법

진행 기간: 한 달

감정과 생각을 내려놓고 명상할 수 있을까

내가 롤모델로 생각하는 닮고 싶은 사람이 있다. 바로 다큐멘터리 감독이자 유튜버인 맷 디아벨라(Matt D'Avella)다. 그는 주로 미니멀리즘, 시간 관리, 건강한 삶 등 라이프스타일과 자기계발에 관한 영상을 제작한다. 쉽게 말해 '미국의 한국타잔'이다(사실은 내가 '한국의 맷 디아벨라'일지도……).

이 채널은 2년 전 우연히 발견했는데 공교롭게도 나와 겹치는 주제가 많았다. 나보다 영상미도 훨씬 좋고 소재도 다양했지만 채널을 아우르는 분위기나 콘셉트가 정말 비슷해서 누가 보면 한국타잔이 맷 디아벨라의 카피캣이라고 오해받을 정도였다(적어도 한 달 동안 5시에 기상하기는 내가 먼저 시작했다). 워낙 겹치는 부분이 많다 보니 이 채널에서 많은 영감과 아이디어를 얻었는데, 한번은 'I meditated 1 hour everyday for 30 days(30일 동안 매일 한 시간씩 명상해보았습니다)'라는 영상이 올라왔다.

이 영상에서 디아벨라는 한 달 동안 명상으로 '마인드풀니스(mindfulness)'를 체험했다고 언급했다. 마인드풀니스는 한국어로 하면 '마음챙김'인데, 현재의 순간을 있는 그대로 받아들이는 상태를 의미한다. 완벽하게 이해되지는 않았지만 명상으로 감정과 생각을 내려놓고 현재 상황을 객관적으로 바라보는 상태가 아닐까 싶었다. 그런데 디아벨라가 마인드풀니스를 계속해서 언급하는 걸 보니 구체적으로 어떤 체험인지 궁금했다. 오직 직접 실천해보는 것만이 답이었으므로 곧바로 명상에 도전했다.

다만 엉덩이가 가벼운 나는 한 시간이나 명상하기는 도저히 불가능할 것 같아 30분만 하기로 했다.

✔ **목표: 매일 30분씩 명상을 한다.**

문득 깨달음을 얻게 되는 몰입의 순간

명상을 제대로 해본 적도, 어떻게 하는지 배운 적도 없기 때문에 우선 유튜브의 도움을 받기로 했다. '명상'이라고 검색하니 5분에서부터 한 시간, 숙면을 돕는 몇 시간짜리 영상까지 다양한 시간대로 구성된 가이드 영상이 우르르 쏟아졌다. 나는 그 중에서 조회수가 가장 높고 내가 정한 시간과 맞는 '마인드풀 tv'의 '생각 비우기 명상' 30분짜리를 선택했다.

잠들기 직전에 명상하기로 했기 때문에 우선 씻고 잠옷을 입고 나와 침대 앞에 양반다리를 하고 앉았다. 노트북으로 영상을 켜고 나레이션에 따라 호흡을 조절했다.

숨을 내쉬며 나의 몸과 마음이 이완됩니다. 숨을 들이마시며 산소 가 나의 코를 지나 폐로 내려가 온몸을 지납니다.

당최 무슨 말인지 모르겠다. 당연히 숨을 내쉬면 밖으로 나가고 들이마시면 코를 지나 폐로 들어가겠지! 군이 왜 이런 말을 하는지 이해가 가지 않았지만, 반신반의하며 계속 이어 나갔다.

크고 작은 생각들이, 나의 매 순간이 나에게 스며들 때 나는 아무 런 평가를 하지 않습니다. 다만 편안한 마음으로 그들을 쳐다봅니 다. 그 생각이, 그 마음이 나에게 속해 있는 존재가 아니고 나와 분 리된 존재라는 것을 관찰해봅니다.

아니 이건 또 무슨 말인가. 내 생각과 마음이 나와 분리된 존재라는 것을 관찰하라고? 명상 첫날부터 혼란스러웠다. 분명히 생각을 비우는 방법이라는데 머릿속은 점점 더 복잡해지고 있었다. 그냥 그만두고 싶다는 생각도 들었지만, 혼자서 명상하는 방법은 모르니 어쩔 수 없이 꾸역꾸역 계속했다.

그렇게 15분의 가이드와 15분의 자연음이 흘러나오고 영상이 끝났다. 첫날 느낀 점은 '엉덩이가 아프다'뿐이었다. 제대로 명상이 됐는지 아닌지도 모르겠어서 찝찝했다. 아무것도 알아보지 않은 채 무작정 시작한 것 같아 이런저런 글들을 찾아보았다. 그러다 흥미로운 내용을 하나 발견했다.

인간은 한 시간에 2,000가지 생각을 한다고 한다. 24시간이면 4만 8000가지나 되는 생각을 하는 생각덩어리다. 우리나라에는 '오만가지 생각'이라는 말이 있는데, 이 말에 과학적 근거가 있는지는 모르겠지만 영 틀린 소리는 아니었던 셈이다. 결국 명상이란 잠시라도 복잡한 머릿속을 조금이나마 비우기 위한 처방이었다.

다음 날, 나는 같은 영상을 틀고 다시 명상에 도전했다. 이번에는 엉덩이에 집중하지 않도록 이불을 포개어 바닥에 깔고 앉았다. 그래도 역시 쉽지 않았다. 자꾸만 생각을 비우자는 생각에만 집중했다. 그래서 그냥 영상에서 흘러나오는 말에만 귀

기울이자고 생각했다.

숨을 내쉬며 나의 몸과 마음이 이완됩니다. 숨을 들이마시며 산소
가 나의 코를 지나 폐로 내려가 온몸을 지납니다.

전날과 똑같은 말인데 어쩐지 다르게 다가왔다. 숨을 내
쉴 때는 의식적으로 몸을 이완했고 들이마실 때는 산소가 코
를 지나 폐로 들어가는 느낌에 집중했다. 잠시 후, 호흡에 온
신경을 쏟는 동안 내가 다른 생각을 전혀 하지 않고 있다는 것
을 깨달았다.

'호흡에 집중한다는 게 이거구나.'

명상에서 왜 호흡이 중요한지 이틀 만에 알게 됐다. 단지
느낌일 수도 있지만 숨을 들이마실 때 공기가 온몸 구석구석
으로 스며든다고 생각하니 정말로 그런 것 같았다. 숨을 내쉴
때도 내 몸에 가득 차 있던 공기가 빠져나간다고 생각하자 마
치 몸이 붕 뜨면서 편안해졌다. 그리고 명상이 끝나고 나면 비
로소 정말 아무 생각 없이 집중했다는 것을 알게 되었다. '생각
비우기'가 가능해진 것이다.

호흡에 온 신경을 쏟는 동안

내가 다른 생각을 전혀 하지 않고 있다는 것을 깨달았다.

'호흡에 집중한다는 게 이거구나.'

한번 방법을 터득하자 이후부터는 훨씬 수월했다. 영상에서 이야기하는 생각, 마음, 감정 등의 말에는 굳이 신경 쓰지 않고 오로지 호흡에만 몰두했다. 마치 영화를 볼 때 그 내용에만 집중해 다른 생각은 전혀 하지 않는 것처럼 말이다. 그렇게 하다 보니 그 순간만큼은 '생각'으로부터 자유로워졌다.

이때부터는 명상을 밤에만 하지 않고 수시로 해봤다. 일을 시작하기 전에, 걱정되는 일이 생겼을 때, 스트레스를 받을 때 그곳이 어디든 잠시 눈을 감고 깊게 호흡했다. 짧게는 30초, 길게는 30분도 할 수 있었다. 그러자 신기하게도 그 순간만큼은 걱정에서 벗어나 마음이 차분히 가라앉았다. 내 감정을 스스로 관리할 수 있게 된 것이다.

명상은 특히 숙면에 큰 도움이 되었다. 잠들기 전에 짧게라도 명상을 하면 평소보다 훨씬 수월하게 잠에 빠졌다. 30분짜리 명상 영상을 틀어놓으면 10분도 안 되어서 잠이 쏟아졌고, 그럴 때 곧바로 영상을 끄고 침대로 직행하면 금세 숙면을 취할 수 있었다.

그 이유는 간단했다. 숙면에서 가장 중요한 요소는 뇌를 쉬게 해주는 것이다. 그런데 나뿐 아니라 대부분의 사람이 잠들기 직전까지 핸드폰을 손에서 놓지 못하고 온갖 정보에 스스로를 노출시킨다. 그러다 보면 잡생각이 생기면서 뇌가 쉬지 못해 쉽게 잠들지 못하게 된다. 반면 명상을 하면 생각이 비워지고 뇌가 휴식을 취하게 되어 마음뿐만 아니라 몸까지 편안한 상태를 유지할 수 있는 것이다.

마음을 비우고 컨디션을 최상으로 끌어올리는 순간

이번 도전을 하기 전까지 본격적으로 명상을 해본 적이 없는 나는 어쩔 수 없이 영상의 도움을 받았지만, 사실 명상에 왕도는 없다. 한국심리학회에서 정의한 명상이라는 단어를 보면 '마음의 고통에서 벗어나 아무런 왜곡 없는 순수한 마음 상태로 돌아가는 것을 초월이라 하며 이를 실천하려는 것'이라고 한다. 따라서 백지 같은 하얀 마음, 무념무상의 상태로 돌아가 오롯이 나의 내면에만 집중할 수 있다면 무엇이든 명상이라고 부를 수 있다는 이야기다.

팀 페리스가 쓴 《타이탄의 도구들》이라는 책을 보면 성공한 사람들의 공통적인 아침 습관 중에 빠지지 않고 등장하는 것이 명상이라고 한다. 이 일은 '각' 잡고 앉아 거창하게 하는 의식이라기보다 5~10분 가볍게 마음을 비워내는 작업이다.

각자 좋아하는 조용한 음악이나 화이트노이즈 같은 집중할 만한 소리를 틀고 눈을 감은 채 몰입하면 된다. 그 외에도 명상에 빠지는 방법은 각양각색이다. 다만 이 작업으로 그들이 얻는 효과만큼은 동일한데, 차분한 마음으로 하루를 준비하고 그날의 컨디션을 최상으로 끌어올리는 것이다.

한 달간의 도전이 끝난 이후로 매일 명상을 하지는 못했지만 방법을 터득하고 나니 마음만 먹으면 언제 어디서든 명상할 수 있게 되었다. 지금은 회사에서 점심을 먹고 오후 일을 시작하기 전에 1분 정도 숨을 가다듬는 습관이 생겼다. 명상이라고 할 것도 없이 잠시 숨을 깊게 들이마시고 내쉬면서 호흡에 집중하는 것뿐이지만, 그러면 신기하게도 스트레스가 해소되고 자신감이 생겨난다.

무엇이든 처음이 어렵다. 더구나 명상은 나만의 방법만 터득하면 어떤 도구도, 노력도 필요 없는 가장 손쉬운 생각 비우기 훈련법이다. 몸과 마음에 휴식이 필요할 때, 거창한 의식 대신 명상을 해보면 어떨까?

자, 이제 다음 장을 쓰기 전에 숨을 크게 들이쉬고 내쉬어봐야겠다. 갑자기 자신감이 샘솟는다!

한국타잔의 도전일지

목표	매일 30분 명상하기
기간	한 달
선정 이유	명상으로 '마음챙김'을 체험하고 싶다.
실천 방법	▪ 아침이나 저녁 등 시간을 정해서 30분 동안 명상을 진행한다. ▪ 조명은 완전히 끄기보다 조도를 최대한 낮추고, 아무것도 신경 쓰지 않도록 주변을 정돈하고 시작한다. ▪ 명상이 처음이라면 영상의 도움을 받는 것도 좋다. 시간대별, 스타일별 등 다양한 가이드 영상이 있으므로 자신에게 맞는 것을 선택하면 된다.
챌린지 키워드	▪ **호흡**: 숨 쉬는 것만으로 평온해질 수 있음을 깨달았다. ▪ **고요**: 환경의 고요함보다 내적 고요함에 더욱 민감해졌다. ▪ **자신감**: 틈틈이 하는 잠깐의 명상으로 자신감이 높아졌다.

이런 분들께 추천해요

▪ 생각이 많고 스트레스를 많이 받아 몸과 마음의 휴식이 필요하다.
▪ 빠른 시간 안에 컨디션을 최상으로 끌어올리는 루틴을 갖고 싶다.

한국타잔의 도전 꿀팁

▪ 30분 동안 명상을 하다 보면 엉덩이가 아플 수 있으니 푹신한 방석 위에서 하는 걸 추천한다.
▪ 일을 시작하기 전, 걱정되는 일이 생겼을 때, 자기 전 등 다양한 상황에서 짧게나마 명상을 하는 것이 편안한 마음 상태를 유지하는 데 도움이 된다.

09

일주일 삼시 세끼 모두 요리하기

내가 먹은 것이 곧 나 자신이 된다

진행 기간: 일주일

배달의 민족에서 취사의 민족으로

지구상에 우리나라보다 배달 문화가 발달한 곳이 있을까? 대한민국에서 사람의 발길이 닿는 곳에서 배달이 불가능하다는 건 상상하기 힘들다. 하긴 2002년 월드컵 당시, 내가 아홉 살이었던 그 시절에도 창원시청 광장에서 "짜장면 시키신 분~!"이라고 외치는 배달 아저씨가 있었으니 지금처럼 배달이 보편화 된 게 그리 이상한 일도 아니다.

그뿐만이 아니다. 외식 문화는 또 어떤가. 끼니를 해결하기 위해 밖을 돌아다니다 보면 한식, 일식, 중식, 양식, 분식, 퓨전식까지 모든 식당이 다 있다. 적어도 도시에 살고 있다면 음식점이 많아서 문제라면 모를까 먹고 싶은 음식이 없어서 문제가 되지는 않는다.

어디에서나 배달 음식을 즐기고 언제든 원하는 메뉴를 먹을 수 있는 건 좋다. 하지만 때로는 우리가 외식과 배달에 너무 길들어 있다는 생각이 들 때가 있다. 게다가 아직 경제적으로 안정되지 않은 자취생 입장에서 잦은 외식은 여러모로 부담스러웠다. 맵고 짜고 달기만 한 자극적인 음식이 지겨웠지만, 그렇다고 건강한 음식을 사 먹자니 한 끼에 최소 만 원은 깨져 지출이 너무 커졌다. 게다가 고작 한 끼를 해결하려고 시킨 배달 음식에서 왜 그렇게 많은 쓰레기가 나오는지. 나의 귀찮음을 담보로 포기해야 하는 게 너무나 많았다.

그래서 이번에는 단 일주일만이라도 모든 끼니를 내가 직접 요리해서 먹어보기로 했다. 그러면 내 입맛에 맞게 담백한 음식으로 건강도 채울 수 있을 것 같았다. 게다가 외식에 들어가는 비용도 아낄 수 있다. 목표는 일요일부터 시작해 토요일까지, 21끼니를 직접 해 먹어보는 것이었다.

✔ 목표: 일주일 동안 삼시 세끼를 직접 요리해서 먹는다.

7일 21끼, 과연 무엇을 먹을 것인가

도전 첫날, 다행히도 약속이 없다. 첫 끼는 집에 있는 식재료로 해결하기로 했다. 냉장고를 열어보니 달걀밖에 없어서 자연스럽게 아침 메뉴는 달걀볶음밥으로 정했다.

평소에도 주말 점심 정도는 직접 해 먹었기 때문에 첫 끼니를 해결하는 일이 그리 어렵지 않았다. 그런데 아침을 해결하고 나니, 그때부터 고민이 시작되었다. 식비를 아끼기 위한 목적도 있으므로 저렴하면서도 여러 음식에 활용하기 쉬운 재료를 사 오기로 했다.

도시락 김, 느타리버섯, 팽이버섯, 두부, 대파, 냉동 삼겹살, 양파, 비엔나소시지, 콩나물, 사각 어묵

총 28,550원

일주일 치 식재료 치고는 매우 알뜰했다. 장 본 재료는 곧바로 썰어 소분해 냉장고에 넣어두었다. 그러고 나서 점심은 소시지채소볶음으로 간단하게 해결했다. 저녁은 콩나물을 활용한 콩나물불고기. 몇 년 전 인기 있었던 식당 '콩불'의 레시피를 외워뒀던 게 지금에서야 빛을 발했다.

진짜 문제는 내일부터였다. 학교에 가고 회사도 나가려면 미리 음식을 준비해야 했다. 살면서 도시락을 싸는 건 처음이었다. 내일 식사를 위해 재료 밑작업을 마친 후 잠자리에 들었다.

아침 식사: 달걀볶음밥
점심 식사: 밥, 소시지채소볶음
저녁 식사: 밥, 콩나물불고기

알람이 울리자마자 침대를 박차고 나왔다. 밥을 넉넉하게 짓고 점심으로 먹을 닭가슴살볶음밥을 후다닥 만들어 도시락 통에 담았다. 전날 미리 재료를 손질해둔 덕분에 순식간에 한 끼가 완성되었다. 아침 식사는 간단하게 콩나물국과 밥으로 해결했다.

오전 수업이 끝나고 학생식당으로 발걸음을 옮겨 주섬주섬 도시락을 꺼냈다. 나 말고도 도시락을 먹는 학생들이 생각보다 많아서 놀랐다. 볶음밥이 식어서 아쉬웠지만, 식비도 아끼고 식사도 빠르게 끝낼 수 있어서 돈과 시간 모두 아꼈다는 생각에 뿌듯했다.

저녁은 단백질 섭취를 위해 두부조림과 두부김치를 만들어 먹었다.

아침 식사: 밥, 콩나물국
점심 식사: 닭가슴살볶음밥(도시락)
저녁 식사: 두부조림, 두부김치

회사에 출근하는 날이다. 아침은 간단하게 콩나물, 김치, 파, 청양고추를 넣고 끓인 콩나물김칫국. 이것만큼 간편한 반찬도 없다.

점심은 일요일에 먹고 남은 콩불을 데워 도시락을 준비했다. 한 번 식사할 때 넉넉하게 준비하고 남은 음식은 냉장고에 넣어두면 도시락 준비가 수월해져 이 방법을 자주 이용했다.

저녁은 엄마가 보내주신 닭고기로 만든 닭볶음탕이었다.

아침 식사: 밥, 콩나물김칫국
점심 식사: 밥, 콩나물불고기(도시락)
저녁 식사: 밥, 닭볶음탕

이제 점심 도시락을 준비한 다음 아침 식사를 하는 게 익숙해졌다. 삼겹살과 팽이버섯을 넣은 삼겹살팽이버섯 볶음을 만들어 도시락을 싸고 아침 식사는 어묵조림과 밥으로 간단히 해결했다.

저녁에는 약속이 있어 어쩔 수 없이 밖에서 식사했는데, 한 끼를 빼 먹을 수는 없어서 야식을 만들기로 했다. 마트에서 산 떡으로 떡볶이를 만들어 먹으며 열두 번째 끼니도 끝났다.

DAY 4

아침 식사: 밥, 어묵조림
점심 식사: 밥, 삼겹살팽이버섯볶음(도시락)
저녁 식사: 외식
야식: 떡볶이

유난히 피곤해 한참 동안 졸음과 싸우다가 겨우 일어나 미역국을 끓였는데, 아뿔싸, 몽롱한 상태에서 미역국이 아니라 소금국을 만들어버렸다. 그대로 미역국은 폐기하고 국도 없이 밥과 밑반찬만 꾸역꾸역 먹으면서 아침을 때웠다.

점심으로는 남은 닭가슴살볶음밥과 어묵조림을 챙겼다. 급하게 준비하다 보니 평소와 다르게 도시락이 빈약했다. 내일부터는 다시 부지런히 움직이겠다 다짐하며 삼겹살에 소주 한잔으로 5일 차도 마무리되었다.

DAY 5

아침 식사: 밥, 밑반찬
점심 식사: 닭가슴살볶음밥, 어묵조림(도시락)
저녁 식사: 삼겹살, 소주

저녁에 친구와 야구를 보러 가기로 해서 일찍 일어나 김밥을 쌌다. 아침은 김치콩나물국밥으로 간단하게 해결하고 회사에서 먹을 점심으로는 소시지채소볶음을 담아 도시락을 쌌다. 김밥은 처음 싸봤는데 같이 간 친구에게도 맛있다는 평을 들었다. 이렇게 6일도 끝.

아침 식사: 김치콩나물국밥
점심 식사: 밥, 소시지채소볶음(도시락)
저녁 식사: 김밥

드디어 마지막 날. 주말이지만 약속이 하나도 없었고……
덕분에 편하게 도전을 마무리했다.

아침은 평소 시간이 오래 걸려 하지 못했던 브런치 느낌의
토스트와 소시지를 먹었고, 점심은 간단하게 돼지고기 덮밥으
로 해결했다. 마지막 21번째 식사는 유종의 미를 거두는 느낌
으로 와인 한 잔과 함께 알리오올리오를 만들어 먹었다.

아침 식사: 토스트, 소시지 브런치
점심 식사: 돼지고기덮밥
저녁 식사: 알리오올리오, 와인

식사란 돈, 시간, 노력의 밸런스를 맞추는 일

마지막 요리를 하고 나서 처음 든 생각은 '대체 엄마는 이 힘든 걸 몇십 년 동안 어떻게 했을까'였다. 엄마도 출근 준비하느라 바빴을 텐데, 일찍 등교하는 동생과 나의 아침 식사를 챙기고 설거지에 뒷정리까지, 정말 보통 일이 아니었겠다는 걸 이제야 조금이나마 깨닫는다. 엄마에게 전화해 도대체 어떻게 그럴 수 있었냐고 물어보니 '닥치면 다 하게 된다'며 껄껄 웃으셨다. 왜 그때는 엄마가 힘들었을 거라는 생각을 하지 못했을까? 여유가 있는 주말에라도 같이 요리했으면 좋았을 텐데 뒤늦은 후회는 미안함만 남긴다. 이 자리를 빌려 자신의 시간을 쪼개 누군가의 끼니를 챙겨온 모든 사람에게 감사한 마음을 전한다.

그렇게 잠깐 감상에 젖었다가 다시 현재로 돌아와 도전을 되돌아보니 일주일 동안 나름대로 건강에 좋은 음식으로 잘 챙겨 먹었다는 생각이 들었다. 외식을 한 번 하긴 했지만 거의 모든 식사를 직접 해 먹었고 자극적이거나 감칠맛을 내는 조미료는 사용하지 않았기에 그동안 외식에 절어 있던 내 몸이 반가워하지 않았을까? 또한 레토르트나 배달 음식은 아예 먹지 않아서 밀가루를 평소보다 훨씬 적게 먹었고, 덕분에 소화도 잘되었다. 몸무게나 체질량 지수 같은 객관적인 수치를 쟀다면 유의미한 건강 변화도 눈치챘겠지만, 이번 도전의 목표는 끼니를 내 손으로 챙기는 것이었기에 속이 편하고 몸이 조금 가벼워진 느낌만으로 만족하기로 했다. 식비는 정확하지는 않지만 확실히 도전하기 전보다 훨씬 적은 돈을 썼다.

학교나 회사에 다니면서 일주일 동안 삼시 세끼를 직접 해 먹는 건 불가능하다고 생각했는데 막상 해보니 어렵기는 해도 할 순 있었다. 저녁 식사를 준비하면서 다음 날 사용할 재료를 미리 손질해두면 아침에 시간을 많이 아낄 수 있었다. 물론 그렇다고 해도 차마 매끼를 만들어 먹으라고 권하지는 못하겠다. 장을 보고 요리하고 설거지까지 하려면 적지 않은 시간이 들어가기 때문이다.

그동안 식사가 영양의 밸런스를 맞추는 일이라고 생각했는가? 이번 도전으로 나는 식사란 돈, 시간, 노력이라는 세 가지 밸런스를 맞추는 일이라는 생각이 들었다. 매 끼니는 힘들겠지만, 이러한 밸런스를 맞추기 위해 하루 한 끼 정도는 직접 해 먹는 습관을 들이는 것도 나쁘지 않을 것 같다. 남은 인생을 살면서 필요한 생존 요리 기술을 쌓는 것은 덤이다.

한국타잔의 도전일지

목표	일주일 삼시 세끼 모두 요리하기
기간	일주일
선정 이유	외식과 배달 음식에 길들여진 식생활을 바꾸고 싶다.
실천 방법	▪ 총 21회의 끼니를 챙기는 것을 목표로 한다. ▪ 회사나 학교에 갈 때는 점심 식사용 도시락을 챙긴다. ▪ 단순히 직접 해 먹는 것뿐 아니라 식비와 영양 밸런스까지 고려한다. ▪ 부득이하게 외식할 경우 간식이나 야식 등 별도로 한 끼를 추가한다.
챌린지 키워드	▪ **건강**: 자극적인 음식에서 벗어나 건강한 음식을 먹게 되었다. ▪ **요리력**: 생존에 필요한 요리 기술을 쌓았다. ▪ **밸런스**: 돈과 시간, 노력의 균형에 집중하게 되었다.

이런 분들께 추천해요

▪ 건강한 식습관이 필요하다.
▪ 생활비를 절약하고 싶다.

한국타잔의 도전 꿀팁

▪ 한 번 요리할 때 양을 넉넉하게 하고 남은 음식은 다음 날 도시락으로 활용하면 효율적이다.
▪ 요리하는 것만큼 무엇을 먹을지 결정하는 일도 힘들다. 요리책이나 유튜브 등을 참고하여 미리 식단을 짜놓으면 도움이 된다.

10

일주일 동안 5만 원으로 살기

최소한의 지출로
최대한의 행복을 사는 방법

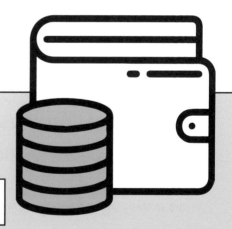

진행 기간: 일주일

어느 정도까지 절약할 수 있을까?

20년 전쯤 〈행복주식회사〉라는 TV 프로그램에서 '만 원의 행복'이라는 코너가 방영된 적이 있었다. 연예인 두 명이 일주일 동안 1만 원으로 생활해서 더 많은 잔액을 남기는 사람이 이기는 대결 예능이었다. 이기기 위해 수단과 방법을 가리지 않고 돈을 절약하는 모습이 웃음을 자아내 꽤 인기를 끌었다.

프로그램은 폐지된 지 오래되었지만 요즘에도 이와 비슷한 내용을 다루는 유튜브 채널이 있으니 바로 '강과장'이다. 채널을 운영하는 강 과장님은 아낄 수 있는 건 최대한 아끼는 짠돌이 직장인 유튜버다. 그가 매주 가계부를 공개할 때면 자연스럽게 나의 소비 습관도 되돌아보게 된다.

객관적으로 나를 돌아보면 사치스러움과는 거리가 멀다. 그렇다고 검소함과 가깝지도 않았다. 다른 물건은 꼭 필요한 게 아니면 사지 않았지만 카메라 같은 전자기기를 좋아해서 목돈이 생기면 한두 번씩 큼직한 소비를 하는 편이라 수입의 일정 부분을 저축한다고 해도 그동안 모은 돈이 많지는 않았다.

강 과장님의 채널을 보다가 내가 만약 지금까지 저런 소비 생활을 했다면 얼마나 더 많은 돈을 모을 수 있었을까 의문이 들었다. 지금부터라도 아껴 쓰는 습관을 들여야겠다고 결심하자 '만 원의 행복'이 떠올랐고, 지금 내 상황에 맞게 일주일 동안 딱 5만 원으로 살아보기로 했다. 교통비로 매일 5,000원은 무조건 쓰고 있어 교통비를 제외한 모든 소비를 5만 원 안에서 해결하기로 하고 도전을 시작했다.

> ✔ **목표: 일주일 동안 5만 원으로 교통비를 제외한 모든 소비를 해결한다.**

마트별 최저가를 비교하게 될 줄이야

우선 먹는 문제가 가장 시급했다. 식비를 줄이기 위한 첫 단계로 냉장고를 탈탈 털어 무엇이 있는지 확인했다.

> 김치, 두부, 마늘, 도시락 김, 쌀, 닭가슴살, 오트밀, 원두, 각종 소스, 프로틴 쿠키

아침은 현미밥과 닭가슴살로 간단하게 해결했는데, 그러고 나니 본격적으로 돈을 쓸 시간이 찾아왔다. 하필 바디프로필을 준비하고 있던 때라 라면으로 끼니를 때우는 일은 상상할 수 없었고 샐러드나 닭가슴살을 더 사야만 했다.

이런 일을 예상하고 이미 전날에 근처 마트를 돌며 가격표를 확인하고 엑셀로 정리해두었다. 마트마다 재료별로 가격 차이가 꽤 나서 전략대로 네 군데를 돌며 가장 저렴한 식재료를 구입했다(장 보는 데는 평소보다 세 배가 넘는 시간이 걸렸다).

DAY 1

- 양파 980원
- 대파 1,200원
- 송이버섯 980원
- 수입 홍두깨살 7,800원
- 샐러드 2,680원
- 닭가슴살 5,980원

소비: 19,620원
잔액: 30,380원

둘째 날은 소비 없이 세끼를 모두 해결했다. 일주일 동안 '삼시 세끼 모두 요리하기'에 도전한 적이 있어서 그런지 직접 밥을 해 먹는 건 어렵지 않았다.

DAY 2

소비: 0원
잔액: 30,380원

그런데 이틀 만에 위기가 찾아왔다. 어제 열심히 끼니를 챙겨 먹다 보니 버섯이나 샐러드 같은 채소가 순식간에 동난 것이다. 어쩔 수 없이 마트에서 6,480원을 지출했다. 좋아하는 커피도 카페 대신 홈카페를 이용하기로 했다.

저녁에는 여자친구를 만났다. 마침 다이어트도 하고 있으니 서브웨이에 가서 더치페이를 하려고 했는데, 여자친구가 갑자기 초밥이 먹고 싶단다. 내가 망설이자 자기가 쏘겠다고 해서 저녁은 예상치 못하게 근사하게 먹었다.

이후에는 가성비 좋은 빽다방에서 커피를 사고 근처 공원에서 시간을 보냈다. 책도 읽고 고양이 사진도 찍으면서 여유로운 시간을 보내니 이런 게 '소확행'인가 싶었다.

- 샐러드: 2,900원
- 달걀: 3,580원
- 아이스 바닐라라떼: 3,500원
- 아이스 아메리카노: 2,000원

소비: 11,980원
잔액: 18,400원

목요일 아침과 점심은 다시 다이어트 식단으로 돌아왔다. 오후에는 카페에서 친구를 만나기로 했다. 커피 가격이 부담스러워 고민하다 프로틴 쿠키와 물물교환을 하기로 했다. 친구가 흔쾌히 받아줘 커피 한 잔을 얻어 마셨다.

집에 돌아오는 길에는 노브랜드에 들러 닭가슴살 1킬로그램과 방울토마토 한 팩을 샀다.

그러고 나서 계산해보니…… 휴, 큰일이다. 아직 3일이나 남았는데……. 이제 1만 원도 채 남지 않았다.

- 닭가슴살 5,980원
- 방울토마토 2,480원

소비: 8,460원
잔액: 9,940원

이제 말 그대로 허리띠를 졸라매야 할 때가 왔다. 금요일 역시 세끼 모두 집에 있는 재료로 해결했다. 오늘 하루는 소비 없이 넘어갈 수 있겠구나 싶었는데 저녁에 갑자기 계좌 SMS 수수료라며 1,140원이 나가버렸다.

게다가 냉장고를 열어보니 먹을 게 김치와 방울토마토밖에 없었다. 오트밀과 쌀까지 바닥을 드러냈다. 아직 여섯 끼가 남았는데 남은 돈은 8,800원. 모두 제대로 챙겨 먹는 건 사치였다. 결국 간헐적 단식을 하기로 마음먹었다.

엎친 데 덮친 격으로 샴푸까지 떨어졌다. 참 가지가지 한다. 이상하게 식재료든 생필품은 꼭 한 번에 같이 떨어진다. 어쩔 수 없이 통에 물을 채워 남은 샴푸로 머리를 감았다.

‒ SMS 수수료 1,140원

소비: 1,140원
잔액: 8,800원

간헐적 단식을 다짐했지만 운동을 하려면 영양분, 특히 단백질을 잘 채워줘야 했다. 그래서 아침은 제대로 챙겨 먹고 점심은 단백질 셰이크 한 잔으로 간단하게 해결했다.

저녁에는 여자친구를 만나 다시 한번 찬스를 썼다. 이번에는 전에 못 먹은 서브웨이 샌드위치를 먹었다. 그렇게 6일째도 아무런 소비 없이 마무리했다.

DAY 6

소비: 0원
잔액: 8,800원

마지막 날인 일요일. 또다시 닭가슴살을 사 왔다. 이제 정말 쓸 수 있는 돈이랄 게 없었지만 냉장고는 텅 비었고 닭가슴살만 먹기에는 퍽퍽할 것 같아 채소를 사러 나갔다. 그런데 월요일에 한 망에 980원 하던 양파가 갑자기 2,980원으로 올랐다. 어쩔 수 없이 1,500원짜리 양배추를 반 통 사왔다. 남은 1,320원으로는 살 수 있는 게 없었다. 결국 두 끼를 더 먹기 위해 저금통을 털었다. 그렇게 팩에 든 양파와 할인하는 샐러드를 2,720원에 사면서 1,400원을 넘기고 도전이 끝났다.

저금통까지 털어가며 해 먹은 점심은 맛있었지만 나 스스로가 무언가 애잔했다. 마지막으로 저녁까지 먹고 나니 현미도 싹 털렸다.

DAY 7

- 닭가슴살 5,980원
- 양배추 1,500원
- 양파&샐러드 2,720원

소비: 10,200원
잔액: -1,400원

한정된 자원 안에서 최선의 선택을 한다는 것

이 도전은 처음부터 무모한 일이었다. 사람이라면 그저 살아 있기만 해도 온갖 지출이 생길 수밖에 없다. 아무리 아끼고 아껴도 식비, 교통비, 주거비, 공과금, 세금, 보험 등 도저히 줄일 수 없는 소비가 끊임없이 나타난다. 그런데 계획도 없이 돈을 쓴다면? 주머니에 구멍이 나서 돈이 줄줄 새는 건 당연한 일이다.

그래서 이번 도전으로 인생을 통틀어 실천할 만한 몇 가지 중요한 교훈을 얻었다.

첫째, 지출 계획에서 예산을 세우는 일은 가장 중요하다.

예산, 말 그대로 필요한 비용을 미리 계산하는 것은 주어진 한도에서 가장 좋은 선택을 하기 위해 꼭 해야 하는 일이다. 이번에 도전한 5만 원이라는 금액도 그런 의미에서 큰 의미가 없었다. 10만 원이든 3만 원이든 금액을 정해두면 수단과 방법을 가리지 않고 그에 맞춰 쓰기 위해 안간힘을 썼을 것이다.

생활비로 얼마를 쓸지 미리 정해놓으면 소득에서 생활비 예산을 제외한 나머지 부분은 저축이 가능하다. 돈을 잘 모으

10 · 일주일 동안 5만 원으로 살기

는 사람들은 공통적으로 먼저 저축한 후에 잔액 내에서 소비
한다는 특징이 있다. 난 항상 소비한 후에 남은 돈을 저축하면
서 살아왔기 때문에 제대로 돈이 모이지 않았다.

'스스로에게 한도를 걸어놓으면 어떻게든 살게 되는구나.'

이제부터라도 먼저 저축하고 생활비 예산 내에서 소비를
하기로 했다.

둘째, 절약하는 습관을 몸에 들여야 한다.

한 달 동안 쓰레기 모으기나 일주일 동안 요리해 먹기 등
의 도전에서도 느꼈지만, 의외로 아무 생각 없이 하는 불필요
한 지출이 많았다. 그런데 신기하게도 이번 일주일 동안에는
식재료나 생필품 이외에 무언가를 사야겠다는 생각조차 하지
않았다. 지금 나에게 정말 중요한 것이 무엇인지 생각하다 보
니 불필요한 소비는 줄었고 절약하는 습관이 조금씩 편해졌다.

부는 로또에 당첨되거나 비트코인이 떡상한 게 아닌 이상
하루아침에 쌓이지 않는다. 조금씩 아끼는 습관이 오랜 시간
끈질기게 이어져야 비로소 돈이 불어나고 큰돈이 만들어진다.
3,400원짜리 맥모닝 세트로 아침을 해결하는 90조 자산가 워

런 버핏이 "작은 지출을 조심하라."고 말한 데는 다 이유가 있는 법이다.

마지막으로, 계획적인 삶과 소비 습관은 연결되어 있다.

한정된 예산은 단순히 돈을 아끼는 데만 도움이 된 것은 아니다. 이번 주에 누구를 만나고 무엇을 사고 먹을지 정리하다 보니 생활 패턴도 규칙적으로 변했다. 약속을 잡는다는 것은 나의 돈과 시간을 쓰겠다는 것이다. 그러다 보니 도전하는 동안에는 최대한 돈을 쓰지 않는 범위에서 나에게 중요한 사람만 만나게 되었다. 소비의 한계가 인간관계에까지 영향을 미친 셈이다. 물론 그렇다고 인간관계를 포기할 수는 없지만, 그간 쓸데없이 너무 많은 사람을 만나고, 시간을 낭비하지는 않았는지 돌아보게 되었다.

매주 5만 원으로 살아간다는 건 거의 불가능한 일이다. 그렇지만 막상 해보고 나니 한 번쯤은 시도해볼 만한 도전이라는 생각이 들었다. 중요한 것은 무조건 아끼는 것보다 돈을 모으는 목적과 이유다. 집이든, 차든, 결혼이든, 여유로운 노후든 미래에 내가 꿈꾸는 삶을 살기 위해 지금은 조금쯤 허리띠를 졸라매도 되지 않을까?

앞으로는 조금 더 경제에 관심을 갖고 공부해야겠다. 많은 사람이 꿈꾸는 경제적 자유는 아무런 노력 없이 저절로 얻을 수 없다. 내가 언제까지 어떤 이유로 얼마를 모아야겠다는 목적이 있다면 절약하는 습관이 저절로 몸에 배고, 돈에도 더 많은 관심을 가질 수 있게 된다.

딱 한 주만 5만 원 살기에 도전해보라. 돈의 소중함을 아주 절실히 느끼게 될 것이다!

한국타잔의 도전일지

목표	일주일 동안 5만 원으로 살기
기간	일주일
선정 이유	절약하는 습관을 갖기 위해서
실천 방법	▪ 일주일 동안 5만 원만으로 생활한다. 단, 고정적으로 나가는 교통비나 보험, 공과금 등은 제외한다. ▪ 도전 시작 시 집에 있는 식재료나 물건은 사용해도 된다. ▪ 지인 찬스, 물물교환 등은 적절한 범위 안에서만 이용한다.
챌린지 키워드	▪ **경제적 자유**: 미래를 생각하며 지출을 조절하게 되었다. ▪ **목표**: 돈을 모으는 이유를 구체적으로 고려해봤다. ▪ **계획**: 돈뿐 아니라 인간관계에도 계획이 필요함을 깨달았다.

이런 분들께 추천해요

▪ '돈은 일단 쓰고 남으면 저축한다'는 주의다.
▪ 매달 카드 결제 금액을 보고 놀란다.
▪ 내 작고 소중한 돈이 어디로 새는지 궁금하다.

한국타잔의 도전 꿀팁

▪ 생각보다 마트별로 식재료, 생필품 가격이 모두 다르니 돈이 부족할 때는 최저가를 비교하여 사는 것이 좋다.
▪ 돈이 너무 부족하다면 중간중간 지인찬스나 물물교환을 시도해보는 것도 방법이다.

11

제주 한 달 살기

인생에도 브레이크가 필요하다

진행 기간: 한 달

쉼이 필요할 때 용기를 내는 법

한동안 '퇴사하고 ~~에서 한 달 살기'가 유행처럼 번졌다. 처음에는 '제주에서 한 달 살기'로 시작해서 점점 해외로까지 뻗어 나가더니 '다낭에서 한 달 살기', '발리에서 한 달 살기'처럼 물가가 저렴한 관광지에서 한 달을 살다 오는 사람도 많아졌다. 오랫동안 일만 하며 고생한 자신에게 주는 보상 같은 개념이었다. 그런 사람들을 보며 한 달 살기의 매력이 무엇일지 궁금했는데, 나에게도 느닷없이 기회가 주어졌다.

2019년 대학교 4학년이 된 나는 1학기를 끝내고 두 번째 휴학을 결정했다. 취업을 하려니 준비가 덜 된 것 같았고, 무슨 일을 하고 싶은지 정하지도 못했다. 길을 잃은 듯한 상황에서 진짜 내 길을 찾아보겠다고 호기롭게 휴학을 결심했지만, 막상 여유가 생기자 효율적으로 시간을 쓰지도 못했다. 대책 없이 그저 나에게 주어진 시간을 대충 때우고 있었다. 그러다 보니 점점 삶이 무기력해졌다. 뭔가 돌파구가 필요했다.

그러다 하루는 넷플릭스에서 〈리틀 포레스트〉라는 영화를 보게 되었다. 김태리가 맡은 주인공 '혜원'은 나와 정말 비슷했다. 학업, 연애, 취업…… 뭐 하나 제대로 되는 게 없는 막막하기만 한 상황. 그러다 무작정 고향으로 돌아가 시골 소녀로 살게 되었다.

　　나도 도망가고 싶었다. 고향이든 어디든 아무도 나를 아는 사람이 없는 시골에서 텃밭에 있는 방울토마토나 따 먹으면서 지내면 얼마나 편하고 좋을까. 잠시라도 나에게 쉼을 주고 싶었다. 그렇다면 한 달 살기를 해볼까?

　　'어차피 지난 한 달 동안 아무것도 제대로 안 했잖아? 그럴 바에는 집구석에 처박혀 있는 것보다 어디 가서 힐링이라도 하고 오는 게 낫지. 몰라 뭐, 어떻게든 되겠지. 가자!'

　　꽂혔으니 일단 시작해야 했다. 해외로 가기에는 자금이 부족해 제주도를 찾아보니 한 달 동안 머물 만한 숙소가 꽤 많았다. 숙소의 기준은 무조건 구석에 있어서 시내로 나오기 힘든 곳이어야 했다. 이왕이면 서울에서는 어려운 슬로우 라이프를 즐기고 싶었다. 결국 제주도 동남부에 위치한 '표선'이라는 마을에 있는 작은 펜션에 가기로 결정했다. 통장에는 딱 숙소비와 항공권값, 한 달 생활비만 남아 있었다.

✔ **목표: 제주도에서 한 달 동안 살아본다.**

걱정과 근심을 벗어버리는 슬로우 라이프

자체 휴가에 대한 설렘으로 가득할 것이라는 기대와는 달리 마음이 불안했다. 친구들은 하나같이 취업 준비에 모든 것을 다 쏟아붓고 있는데 내가 너무 섣부르게 판단한 건 아닐까? 비행기표를 취소할까? 하는 생각도 들었지만 저가 항공 프로모션으로 예약한 탓에 취소는 불가능했다(저가 항공으로 예약하길 천만다행이었다).

그렇게 무거운 마음으로 제주행 비행기에 올랐다. 살면서 혼자 비행기를 타는 일은 처음이었다. 나의 혼란스러운 마음과는 대조적으로 기내는 평화로웠다. 기내의 백색소음을 들으며 창밖 하늘을 보니 '쉬러 온 너를 환영해'라고 속삭여주는 것 같았다. 비행기에 타기 전보다는 마음이 가라앉았지만, 여전히 싱숭생숭해서 아무 계획도 세우지 못한 채 제주도에 도착했다.

예산 문제로 차를 렌트하지 못해 숙소에 들어가는 것부터 난관이었다. 공항에서부터 제주도 외곽을 따라 도는 시외버스를 타고 가다가 숙소와 가까운 동네에 내려 배차 간격이 한 시간이나 되는 버스로 갈아타고 더 들어가야 했다. 버스를 갈아탈 때는 7시를 갓 넘긴 시각이었지만, 이미 하늘이 어둑어둑해서 똑바로 정신 차리지 않으면 로드킬이라도 당할 것 같았다.

'나 여기에서 한 달 동안 살아도 정말 괜찮은 걸까?'

그렇게 우여곡절 끝에 한 달 살기의 첫날이 저물어가고 있었다.

다음 날, 큰맘 먹고 온 제주도인데 걱정만 늘어놓다 갈 수는 없다는 생각이 들었다. 나는 마인드컨트롤을 시작했다.

'나는 휴식이 필요해 제주도로 떠나왔고 서울에 있어봤자 변하는 건 없다. 한 달 정도 쉰다고 내 인생이 나락으로 떨어지지 않는다. 2보 전진을 위한 1보 후퇴라고 생각하자.'

마음을 고쳐먹고 일단 하루 동안만 아무것도 하지 않기로 했다. 친구들이랑 연락도 끊고 소셜미디어도 안 하고 영상도 찍지 않고 모든 일에서 벗어나 보기로 했다. 심지어 유튜브조차 쳐다보지 않았다.

그날은 숙소 밖으로 나가 맑은 공기를 마시고 근처 귤밭을 둘러보고 버스정류장에 멍하니 앉아 버스가 몇 대나 지나가는지 셌다. 배가 고프면 장 본 것들로 대충 밥을 해서 먹고 펜션 사장님과 잠시 이야기도 나누었다. 얼마 전에 구매한 드론도 날려보았다. 그러다 보니 하루가 금세 지나갔다. 그리고⋯⋯

아무 일도 일어나지 않았다.

딱히 뒤처진다는 느낌이 들지도 않았고 오히려 지금이 아니면 평생 이런 시간을 가질 수 없겠다는 생각이 들었다. 어렵사리 제주도로 떠나와 놓곤 하루가 지나서야 겨우 마음의 여유를 찾았다. 틀을 깬 하루를 보내고 나니 드디어 제대로 '쉴' 수 있게 되었다.

남은 29일 동안은 그저 마음이 내키는 대로 살았다. 배고프면 먹고, 피곤하면 자고, 싸고 싶으면 싸고⋯⋯. 남아도는 시간에 뭐라도 해볼까 싶어 저렴한 기타도 하나 주문했다. 제주도라 오래 걸릴 줄 알았는데, 놀랍게도 결제한 다음 날 바로 도착했다. 제주도에 오지 않았으면 기타를 다시 잡을 일은 없었을 것이다. 진짜 베짱이가 된 기분이었다.

당시 유튜브가 막 성장하고 있던 중이라 영상을 올리지 않

한국타잔을 응원해주시는 챌린이 여러분

어렵사리 제주도로 떠나와 놓곤 하루가 지나서야

겨우 마음의 여유를 찾았다.

여러분들의 응원과 격려 덕분에 저는 너무 잘 쉬고 있어요

틀을 깬 하루를 보내고 나니

드디어 제대로 '쉴' 수 있게 되었다.

으면 구독자를 놓칠까 불안했지만, 억지로 무언가를 찍고 싶진 않았다. 한 달간의 기록을 남기기 위해 바리바리 챙겨 간 카메라 장비는 거의 꺼내지도 않았다. 글로 기록을 남기는 것도 썩 내키지 않아 하지 않기로 했다. 습관적으로 들여다보던 메일함과 소셜미디어와도 잠시 거리를 두었다.

걱정과 근심은 벗어버리고 원하던 대로 슬로우 라이프를 마음껏 즐겼다. 잠에서 깨면 밖으로 나가 상쾌한 산 공기를 들이마시고 매일매일 다른 모습으로 스며드는 햇볕을 만끽했다. 숙소 근처 오름을 오르는 날도 있었고, 예쁜 카페에 앉아 아무 생각하지 않고 몇 시간을 보낸 날도 있었다. 버스를 타고 시내로 나갔다가 두 시간을 걸어 돌아오기도 했다. 비가 온 날은 숙소 테라스에서 떨어지는 빗소리를 음악 삼아 아무 데도 나가지 않고 하루를 꼬박 보냈다.

그렇게 하루가 지나고 일주일이 지나고 한 달이 지났다. 처음 제주도로 떠나올 때의 걱정과는 달리 나에게는 아무 일도 일어나지 않았다.

인생의 추진력을 얻기 위해 쉬어 가기

인생과 자동차의 공통점이 뭘까? 여러 가지가 있겠지만, 나는 엑셀 옆에 브레이크도 나란히 놓여 있다는 점을 들고 싶다. 그런데 나를 포함한 많은 사람이 마치 인생에 엑셀만 있다는 듯 브레이크는 밟지도 않고 달려간다. 더 좋은 학점을 위해, 더 좋은 곳에 취업하기 위해 쉼 없이 속도를 높인다. 브레이크가 없는 자동차는 존재할 수가 없다. 인생도 마찬가지다. 잠시 브레이크를 밟고 좌우를 살피지 않으면 어느 순간 빠른 속도에 잡아먹혀 나와 주변을 돌아보지 못한 채 중요한 것을 놓칠지 모른다.

나는 어떤 일을 할 때 가장 행복할까?

어떤 일들이 나를 힘들게 하고 스트레스를 줄까?

내가 힘들 때 의지할 수 있는 사람은 누구일까?

나를 믿어주고 응원해주는 사람들에게 그동안 소홀하진 않았나?

일과 사람으로부터 떠나 혼자만의 시간을 갖게 되니 그제야 스스로에게 이런 질문들을 던질 수 있었다. 질문에 대한 해

답을 조금씩 찾아가면서 앞으로 내가 걸어가야 할 길이 희미하게나마 보였다.

그보다 더 좋았던 점은 새롭게 시작할 수 있는 에너지를 한껏 얻었다는 것이었다. 자연 속에서 좋은 풍경을 보고 맑은 공기를 마시면서 내 몸에 좋은 기운을 가득 채워 넣었다. 어느 때보다 활력이 넘쳤고 나에게 어떤 일이 주어지더라도 긍정적인 에너지로 해낼 수 있을 것 같았다. 앞으로 이런 여유가 없더라도 상관없다. 쉬어가는 방법을 깨달았기 때문에 이제는 하루를 쉬더라도 나를 온전히 내려놓을 수 있을 것이다. 〈리틀 포레스트〉의 혜원은 배가 고파 고향으로 돌아왔다고 말한다. 우리도 그동안 바쁜 일상에서 오랫동안 나도 모르게 움트고 있던 심리적 허기를 채 느끼지도 못한 채 달리기만 했던 것은 아닐까? 고픈 배를 제대로 채워주지 못하면 언젠가는 탈이 나고 만다. 영양실조로 쓰러져 다시 일어날 힘조차 없어질지 모른다.

나는 다시 서울로 돌아왔고, 세상은 여전히 바쁘게 돌아갔고, 다시 내게 주어진 일과 마주하게 되었다. 하지만 더 이상 불안하지 않았다. 나는 내 마음속 허기를 느끼고 다시금 달리기 위해 에너지를 채워 넣었다. 그리고 언제든 지치면 쉬어갈 수 있는 용기도 덤으로 얻었다. 2019년 가을, 한 달간 제주도에서 힘을 얻은 나는 지금까지 멈추지 않고 달리고 있다.

한국타잔의 도전일지

목표	제주 한 달 살기
기간	한 달
선정 이유	복잡한 일상에서 벗어나 슬로우 라이프를 즐기고 싶다.
실천 방법	▪ 번아웃이 왔다는 생각이 들면 과감하게 비행기표를 끊는다. ▪ 숙소는 되도록 사람이 많지 않은 한적한 곳으로 정한다. ▪ 계획적으로 살 필요는 없다. 평소에 하고 싶었지만, 시간이 없어 시도하지 못한 게 있다면 내키는 대로 해봐도 좋다.
챌린지 키워드	▪ **나**: 바쁜 일상에서 잊고 있던 나를 돌아보았다. ▪ **슬로우 라이프**: 인생의 쉼표를 만들 수 있게 되었다. ▪ **추진력**: 더 빠르게 나아갈 수 있는 힘이 생겼다.

이런 분들께 추천해요

▪ 제대로 쉬는 법을 배우고 싶다.
▪ 내가 어떤 사람인지 천천히 들여다볼 시간이 필요하다.

한국타잔의 도전 꿀팁

▪ 때로는 아무것도 하지 않을 용기가 필요하다.
▪ 온전히 나와 마주하는 시간이기도 하기 때문에 유튜브나 소셜미디어를 잠시 끊는 것도 좋은 방법이다.

STEP 2
나만의 루틴을 찾아보세요

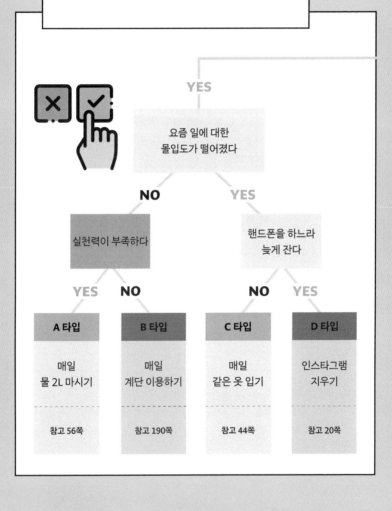

YES

요즘 일에 대한
몰입도가 떨어졌다

NO　　　　YES

실천력이 부족하다

핸드폰을 하느라
늦게 잔다

YES　　NO　　　　NO　　YES

A 타입	B 타입	C 타입	D 타입
매일 물 2L 마시기	매일 계단 이용하기	매일 같은 옷 입기	인스타그램 지우기
참고 56쪽	참고 190쪽	참고 44쪽	참고 20쪽

Start!

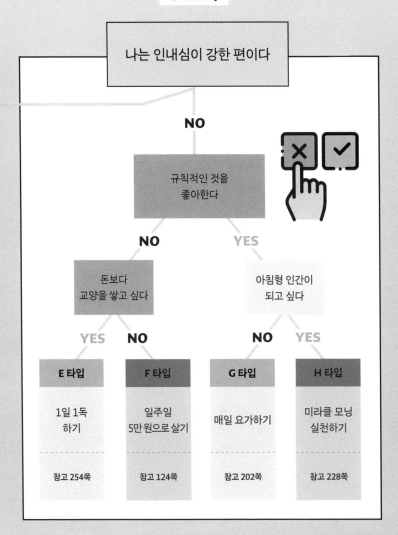

나는 인내심이 강한 편이다

NO

규칙적인 것을
좋아한다

NO   **YES**

돈보다
교양을 쌓고 싶다

아침형 인간이
되고 싶다

YES   **NO**   **NO**   **YES**

E 타입	F 타입	G 타입	H 타입
1일 1독 하기	일주일 5만 원으로 살기	매일 요가하기	미라클 모닝 실천하기
참고 254쪽	참고 124쪽	참고 202쪽	참고 228쪽

Part 3

[중급]

도전하는 하루가
쌓여갑니다

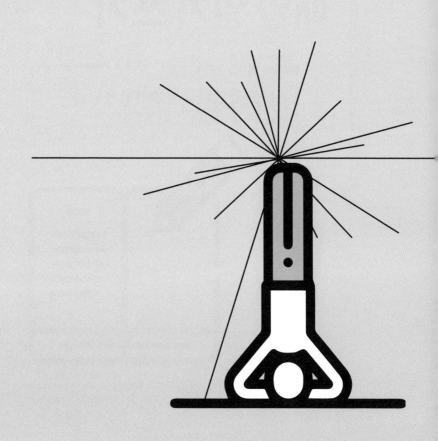

12

매일 일기 쓰기

나도 몰랐던 나를 발견하는 방법

진행 기간: 한 달

우리는 이미 자아 성찰의 대가들이다

스무 살에 독립한 이후로 가끔 본가에 내려가면 반가운 마음에 괜히 집 구석구석을 살펴본다. 그러다가 마지막에는 꼭 현관에 있는 작은 창고를 열어 노끈으로 묶인 두꺼운 앨범과 나와 동생이 어렸을 때 쓴 일기장을 한 번씩 훑는다.

옅게 쌓인 먼지를 털어내고 거실에 펼쳐놓으면 20년 전 나의 세상이 오래된 영화처럼 펼쳐진다. 1학년 2반 윤준, 나의 첫 일기장. 거의 매일 숙제하고 친구를 만나 축구를 했다는 내용뿐이다. 반가운 친구 이름이 나와 "와, 맞네. 이런 친구가 있었지." 하고 중얼거리면 주방에 있던 엄마가 내 옆에 자리를 잡고 앉는다.

교실 책상 위에서 뛰어놀다 떨어진 이야기, 과학의 날 행사에서 고무동력기 대상을 받은 이야기, 전교 학생회장에 당선된 이야기들을 보며 깔깔대면 방에 계시던 아빠까지 거실로 나와 합세한다. 이제 셋이서 각자 일기장을 하나씩 잡고 보다가 "이거 기억나나?"라고 하면 그쪽으로 고개를 들이밀고 추억에 잠긴다.

살면서 일기 한번 써보지 않은 사람은 없다. 초등학교에 입학하자마자 처음으로 받는 숙제가 일기 쓰기니까. 그런데 왜 우리는 어느 순간부터 일기를 멀리하게 되었을까? 바쁘다는 핑계로, 귀찮다는 이유로, 쓸모없다는 생각으로 일기는 점점 우리 일상과 멀어져갔다. 그게 20년 후 나의 나쁜 머리 대신 추억을 간직해주고 있을 줄도 모르고. 단 한 번도 숙제가 아닌 적이 없었던 일기는 나도 모르는 새에 어느덧 꽤 의미 있는 기록으로 남아 있었다.

'그렇다면 강제로 쓰던 일기를 스스로 쓴다면 더 의미 있는 내용이 담기지 않을까?'

생각해보면 초등학교 때 쓴 짧은 일기에서조차 자아 성찰이 엿보인다.

오늘은 숙제를 안 하고 친구랑 축구를 했다.
숙제를 안 해서 엄마한테 혼났다.
내일은 숙제를 먼저 해야겠다.

오늘 하루에 대한 리뷰와 피드백, 그리고 내일에 대한 다짐까지……. 이미 완벽했는데? 그래서 바로 한 달 동안 일기를 쓰기로 마음먹었다.

✔ **목표: 한 달 동안 매일 일기를 쓴다.**

아침 5분, 성인을 위한 일기 쓰는 법

다 큰 성인이 문구점에서 '일기장 공책'을 사기에는 좀 부끄러워 깔끔한 노트 한 권을 샀다. 그리고 인생 최초로 책상에 앉아 스스로 일기를 써보려고 하는데…… 뭘 써야 할지 당최 감이 오지 않았다.

'오늘 하루 무슨 일을 했는지 써야 하나? 아니야. 너무 유치한 것 같아. 그러면 오늘 읽은 책이나 영화에 대한 감상을 적을까? 그건 또 일기가 아닌 것 같은데. 에세이처럼 써보면 어떨까? 에휴, 내가 그런 글을 쓸 수 있을 리가 없지.'

일기 쓰기에 답은 없겠지만 그래도 가이드가 필요할 것 같아 먼저 인터넷으로 '일기 쓰는 방법'을 검색했다. 의외로 성인들을 위한 일기 작성법도 눈에 많이 띄었다. 그러다 '하루 아침 5분 일기'라는 것을 발견했다. 5분 만에 일기 쓰는 게 가능하다니. 아침에 일찍 일어나기 도전에 성공했던 터라 5분 만에 일기를 쓸 수 있다는 점에 혹했다. 형식은 다음과 같았다.

아침

– 지금 이 순간, 감사하고 싶은 일은?

– 어떻게 하면 더 좋은 하루를 보낼 수 있을까?

– 나를 위한 긍정의 한 줄은?

저녁

– 오늘 일어난 멋진 일 세 가지는?

– 무엇을 했더라면 오늘 하루가 만족스러웠을까?

그리 어렵지 않은 질문들에 간단하게 답변만 쓰면 일기가 완성된다는 것이 마음에 들었다. 첫날 아침, 질문에 답변을 써보았다.

지금 감사한 세 가지

– 오랜만에 잠을 푹 잤음

– 회사에서 회식할 예정이라 기분이 좋음

– 창밖을 보니 하늘이 맑음

어떻게 하면 더 좋은 하루를 보낼 수 있을까?

– 쓸데없는 짓에 시간을 허비하지 않는다.

– 해야 할 일을 우선한다

나를 위한 긍정의 한 줄

– 오늘 일찍 일 끝내고 맥주 한잔하자!

5분은커녕 3분도 걸리지 않았다. 지금 보니 단순하고 별 내용이 없긴 하다. 하지만 아침에 이렇게라도 일기를 쓰면서 하루를 맞이한다는 것이 생각보다 엄청난 활력이 되었다. 지금까지 일기라고 하면 하루를 마무리하며 써야 한다는 고정관념이 있었는데 아침부터 감사한 일을 생각하고 하루를 준비하며 다짐하니 긍정의 기운이 차올랐다. 게다가 답변을 채워나가는 재미도 있었고 저녁에 써야 할 답변에 대한 기대로 하루를 충실히 보내자는 다짐도 했다.

오늘 일어난 멋진 일 세 가지

- 구독자 3만 명 달성!

- 데드리프트 100킬로그램 2회 성공

- 즐거운 라이브 방송

무얼 했더라면 오늘 하루가 만족스러웠을까?

- 일······ 좀 더 집중하자

저녁에 기록하는 두 가지 질문을 채우고 나니 비로소 하루 일기가 모두 완성되었다. 그리고 한 페이지에 담긴 오늘의 기록을 읽어보았다.

'생각보다 너무 재밌는데? 빨리 내일 아침이 되면 좋겠다.'

기록으로 남겨지는 그날의 분위기

우리의 일상이란 대부분 같은 일을 반복하는 것으로 채워진다. 학생이라면 학교에 갔다가 돌아와서 과제를 하거나 아르바이트를 하러 간다. 직장인이라면 더 단순하다. 9시까지 출근해 6시, 혹은 그 이후까지 일하다가 집에 돌아와 집안일을 하거나 의미 없이 시간을 보내고 다음 날을 위해 잠을 청한다. 쳇바퀴 도는 듯한 매일에서 일기에 쓸 만한 주젯거리를 뽑아내기는 어렵다. 일기를 쓰자고 결심해도 같은 내용을 계속해서 쓰다 보면 결국 재미가 없어지고 작심삼일로 끝나는 경우가 부지기수다.

그럴 때는 나처럼 형식이 조금 다른 일기를 써보면 어떨까? 아침에 일어나 감사한 일을 세 가지 찾고, 저녁에는 멋진 일 세 가지를 쓰다 보니 일기 쓰기에 대한 부담은 줄어들고 기대감은 올라갔다. '오늘 내가 불평할 일'이나 '오늘 나에게 일어난 기분 나쁜 일' 같은 걸 생각할 시간은 없다.

이 방식으로 일주일간 일기를 쓰자 일기 쓰기에 대한 거부감이 많이 줄어 장문으로도 일기를 썼다. 형식만 달라졌을 뿐 아침엔 감사한 일들과 하루에 대한 다짐을 썼고, 저녁에는 오늘 나에게 있었던 일들과 하루에 대한 피드백을 기록하며 내일을 준비했다.

매일 아침저녁으로 일기를 쓰는 과정이 즐겁기도 했지만 일기가 진짜 빛을 발할 때는 이 기록들을 다시 읽을 때였다. 한 달간의 도전을 끝내고 첫날부터 마지막 날의 일기까지 모든

오늘 나에게 일어났던 사소한 일, 내가 느낀 찰나의 감정,

내 머릿속을 스쳐간 작은 생각들을 글로 남겨보자.

당장은 아니더라도 언젠가 그 기록들을 다시 펼쳐볼 때,

나를 바라보던 뿌연 거울이 좀 더 선명해지는 것을 느낄 것이다.

내용을 다 읽어보았더니 나에게 무슨 일이 있었는지, 어떤 생각을 했는지, 누구를 만났는지, 어떤 감정을 느꼈는지 나를 객관적으로 돌아보게 되었다.

　사람들은 흔히 자기도 자기를 잘 모르겠다고 이야기한다. 나 역시 마찬가지다. 대체 나는 무엇을 좋아하는 사람이고, 무엇을 할 때 행복한지 스스로도 알지 못했다. 하지만 한 달 동안 일기를 써보니 몰랐던 이유를 깨닫게 되었다. 그동안 나에 대해 기록하지 않았기 때문이었다.

　나는 아침의 맑은 하늘을 좋아한다.

　나는 여전히 일찍 잠들고 일찍 일어나는 것이 쉽지 않다.

　나는 운동을 끝내고 샤워할 때의 상쾌함을 정말 좋아한다.

　거의 매일 '집중력을 가지자'라고 한 걸 보니 집중력이 어지간히 부족한가 보다.

　얼마나 계획대로 살았느냐에 따라 삶의 만족도가 달라진다(역시 ENFJ).

　거절하기 힘든 제안을 받으면 거절할 때까지 다른 일은 손에 잡히지 않는다.

　가족과 멀리 떨어져 있지만 잠시라도 함께 시간을 보낼 때 더할 나위 없는 큰 행복을 느낀다.

나는 친구들과 멀리 여행 가는 걸 은근히 귀찮아하지만, 막상 가면 세상에서 제일 신나게 논다.

나는 새로운 일을 시작할 때 잠을 이루지 못할 정도로 설렌다.

나는 매일매일 성장하는 삶을 살기 위해 노력하고 있다.

남는 건 사진뿐이라고 하지만 글은 사진보다 더 선명한 기록이다. 어느 예능 프로그램에서 한 출연자가 분위기 좋은 순간을 이야기하며 "이 조명, 온도, 습도."라는 말을 해서 웃음을 자아낸 적이 있다. 그때는 나 역시 그 말을 웃어넘겼지만, 곰곰이 생각해보니 일기에는 내가 그때 느꼈던 조명, 온도, 습도가 고스란히 녹아 있었다. 글이라는 기록으로 남기지 않았다면 절대 알 수 없었던 그날의 분위기 말이다. 그리고 그 안에는 그것들을 사랑하는 내가 있다.

오늘 나에게 일어났던 사소한 일, 내가 느낀 찰나의 감정, 내 머릿속을 스쳐간 작은 생각들을 글로 남겨보자. 당장은 아니더라도 언젠가 그 기록들을 다시 펼쳐볼 때, 나를 바라보던 뿌연 거울이 좀 더 선명해지는 것을 느낄 것이다.

한국타잔의 도전일지

목표	매일 일기 쓰기
기간	한 달
선정 이유	평생 숙제였던 일기를 스스로 써보고 싶다.
실천 방법	▪ 아침 또는 저녁에 시간을 정해 일기를 쓴다. ▪ 일기 쓰기에 정해진 형식은 없다. 노트에 써도 되고, 그마저 번거롭다면 일기장 어플이나 핸드폰 메모장을 활용한다. ▪ 도전을 마치고 한 달 동안의 일기를 읽으며 소감을 써본다.
챌린지 키워드	▪ **자아 성찰**: 나의 장단점, 호불호를 돌아볼 수 있었다. ▪ **다짐**: 매일 충실히 살아야겠다는 생각을 자주 했다. ▪ **추억**: 머리로는 기억하지 못하던 순간이 남았다.

이런 분들께 추천해요

▪ 나에 대한 기록을 남기고 싶다.
▪ 초등학교 이후로 일기를 써본 적이 없다.

한국타잔의 도전 꿀팁

▪ 일기 쓰기가 막연할 때는 4~5개의 질문을 정해놓고 작성해보자.
▪ 너무 많은 시간을 들이려고 하면 부담스러워진다. 5분만 활용해보자.

13

미니멀리즘
실천하기

삶을 스스로 통제할 수 있는
범위로 좁히기

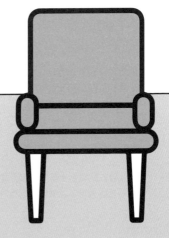

진행 기간: 한 달

나도 단순하게 살기로 했다

한동안《나는 단순하게 살기로 했다》라는 책이 베스트셀러 상위권에 오래 머물며 우리나라에 미니멀리즘 열풍을 일으킨 적이 있다. 저자인 사사키 후미오는 양복 여섯 벌과 식기 몇 개, 이불과 테이블 하나 등 최소한의 생활용품으로만 생활하는 극단적인 미니멀리스트다. 많은 사람이 그를 보며 물건을 간소하게 줄였고, 이후로 살림살이뿐 아니라 삶의 방식 자체를 간소하게 바꾸는 '심플 라이프'가 일상 곳곳에 스며들게 되었다.

그즈음 우리 집에도 미니멀리즘 바람이 불었다. 어머니는 그동안 애지중지 아끼던 주방용품들을 하나씩 정리하셨다. 꼭 필요한 물건만 남겨두고 나머지는 주변에 나눠주시거나 재활용 센터에 내놓으셨다. 나에게도 미니멀리즘을 꼭 실천해보라고 권유하셨지만, 그때는 깔끔하게 정리하는 것 이상으로는 미니멀리즘을 잘 알지 못해서 한 귀로 듣고 한 귀로 흘렸었다.

그리고 얼마 후 학교 도서관에서《나는 단순하게 살기로 했다》를 발견했다. 책상 하나 없이 이불과 노트북만 덩그러니

　　　　　　　　　　13 · 미니멀리즘 실천하기

놓인 표지 사진에 호기심이 생기면서도 너무 극단적인 게 아 닌가 싶어 반신반의하며 서문을 읽어내려갔다.

> 누구나 행복해지길 원한다. 하지만 그렇게 간절히 원해서 손에 넣 은 물건으로는 아주 잠깐 동안만 행복할 뿐이다. 우리는 행복에 대 해 정말로 아는 것이 없다. 물건을 줄이는 일은 행복에 대해 다시 한번 생각해보는 일이다.
>
> _《나는 단순하게 살기로 했다》, 사사키 후미오, 비즈니스북스, 2015, p.37

서문의 마지막에 있는 이 문단을 읽자 도대체 미니멀리즘 이 뭐길래 행복까지 좌우하나 싶어 궁금증이 더해졌다. 그리 고 그 자리에서 순식간에 끝까지 읽어나갔다(미니멀리즘에 관 심이 조금이라도 생겼다면 이 책을 꼭 읽어보길 바란다).

지금껏 나도 내가 좋아하는 카테고리 안에서 꽤 소비를 즐 겼고 소유에 큰 행복을 느꼈다. 그런데 생각해보니 소비와 소 유에서 오는 행복감은 아주 잠깐뿐이었다. 당장 내 손에 쥐고 있는 핸드폰만 해도 처음 포장을 뜯었을 때는 화면에 먼지 하 나라도 묻을까 후후 불며 강화유리 필름을 붙이고 금덩이 보 듯 했지만, 지금은 어떤가? 집에 돌아오자마자 핸드폰을 침대 에 집어던진 채 새로 출시된 핸드폰의 스펙을 확인하며 살까 말까 고민한다. 어디 이것뿐일까. 다른 물건을 소비할 때도 마찬가지다. 소비하고 소유하고 잠깐 행복했다가 이내 싫증을 느끼고 또 다른 소비거리를 찾아 헤맨다.

미니멀리즘이란 단순히 물건을 줄이고 심플하게 사는 게 아니라 참된 행복을 추구하는 라이프 스타일이었다. 여기까지 생각이 미치자 집에 돌아가 곧바로 도전해보기로 마음먹었다.

✔ **목표: 최소한의 물건만 남기는 미니멀리스트가 된다.**

우리에게는 물건이 너무 많다

가장 먼저 옷장. 옷장 문을 여는 순간 나에게 버림받아 뒤엉켜 있는 애들이 제발 새 주인을 찾아달라고 소리를 치고 있었다. 나름 잘 정리하며 산다고 생각했는데 생각보다 엉망진창이었다. 하나씩 꺼내기도 힘들 정도라 한꺼번에 덩어리째 들어 바닥에다 널브러트렸다. 어떻게 이렇게 안 입는 옷이 많은지……. 게다가 대체 왜 이렇게 촌스럽고 별로인 옷만 골라서 샀는지……. 자책하며 옷장을 싹 비웠다. 금세 80리터짜리 대용량

비닐봉지 두 개가 꽉 찼다. 이 옷들은 버리지 않고 아름다운 가게에 기부했다.

생각해보니 옷장은 한 달 동안 같은 옷만 입기에 도전했을 때 한번 정리한 적이 있었다. 그때 나도 모르게 미니멀리즘을 실천했던 것이다. 아, 미니멀리즘이 대단한 게 아니었구나. 그러자 정리하는 데 속도가 붙었다. 이제 내 눈에 보이는 모든 것들이 사라져야 할 대상으로 보였다.

두 번째는 서랍장. 서랍장은 몇 가지 생필품을 제외하고 나머지는 통째로 버렸다. 《나는 단순하게 살기로 했다》에서 둥지를 없애버려야 한다는 말에 격하게 공감하고 한 행동이었다. 아니나 다를까, 서랍장을 싹 비워보니 거기에 있던 모든 물건이 다 쓸데없는 것처럼 보였다. 그동안 그냥 깔끔하게 생긴 쓰레기통을 집에 두고 있었던 것이다. 꼭 필요하진 않은데 버리긴 애매한 놈들은 죄다 여기에 들어가 있었다. 그나마 쓸모 있는 물건 몇 개와 마라톤 메달 정도만 남기자 서랍장 한 칸도 다 채워지지 않았다. 그렇게 서랍장도 클리어.

세 번째는 욕실. 선반을 열어보니 화장품 샘플 무더기가 나를 기다리고 있었다. 미용에 크게 관심도 없으면서 샘플들은 왜 그렇게 많이 받아놨는지, 누가 보면 뷰티 유튜버인 줄 알겠다. 게다가 드러그스토어에 가면 필요 없어도 일단 뭐라도 붙어 있는 걸 사는 습관 때문에 증정용 제품들이 꼭 미니어쳐마냥 줄을 서 있었다. 애네들 역시 일괄 처분. 비닐과 플라스틱으로 만든 샘플들을 버리려니 환경을 오염시키는 것 같아 죄책감이 크게 느껴졌다. 왜 미니멀리즘이 환경까지 직결되는 일인지 짐작할 만했다.

네 번째는 냉장고.《나는 단순하게 살기로 했다》에는 '마트를 냉장고로 활용하라'는 말이 나온다. 즉, 음식이나 식재료들을 쟁여놓지 말고 필요한 것이 있으면 그때그때 마트에서 소량으로 구매하라는 것이다. 말라비틀어진 대파, 몇 달째 손도 안 댄 생선 통조림이 눈에 띄었다. 김치와 자주 사용하는 소스 몇 가지를 빼고 나머지는 모두 처분했다(이미 활용하기 힘들 정도로 상했지만 그동안 애써 외면해왔던 것들이다).

다섯 번째 그 외 잡동사니. 중고로 팔 때 필요할까 싶어 놔둔 전자제품 박스도 정리했다. 영상 찍는 일을 하다 보니 더 좋은 장비에 욕심을 내긴 하지만, 카메라나 드론처럼 고가의 전자제품을 살 때는 처음부터 충분히 고민하고 기준을 세워서 구매하기 때문에 중고로 파는 일이 거의 없었다. 잘 사놓고 중고로 팔 생각부터 하는 게 아이러니라고 느껴져 박스들도 가차 없이 내다 버렸다. 우리 집 인테리어와는 썩 어울리지 않는 먼지 쌓인 장식품과 친구들이 놀러 올 때를 대비해 사놓은 맥주 잔도 처리했다.

이쯤 되면 충분히 미니멀리즘을 시작할 여건이 되었다고 생각한 순간, 책상이 눈에 밟혔다. 한번 정리를 시작하자 꼭 필요한 가구라고 생각했던 책상도 왠지 불필요해 보였다. 두 명이 충분히 앉을 수 있는 넓은 책상에는 책이며 파일 같은 잡다한 물건이 잔뜩 쌓여 있었다. 웬만한 작업은 아일랜드 식탁에서도 충분히 할 수 있을 거라고 생각해 곧바로 해체에 돌입했다.

편의점에서 폐기물 스티커를 구매해 붙이고 쓰레기장까지 몇 번을 왔다 갔다 한 뒤에야 모든 짐을 내놓을 수 있었다. 마지막으로 책상까지 버리고 돌아오니 처음 이 집에 들어올 때와 집안 분위기가 거의 비슷해졌다. 가구라곤 침대 매트리스와 의자 몇 개가 전부였지만 전혀 부족함이 느껴지지 않았다. 오히려 이 정도로도 충분한데 왜 그동안 많은 것을 들여놓고 살았나 싶었다.

사실 물건 정리는 미니멀리즘을 실천하기 위한 첫 번째 단계를 끝낸 것뿐이었다. 본격적인 미니멀리즘은 이제부터 시작이었다. 그리고 한 달 후, 그 진가가 서서히 나타났다.

아무것도 소유하지 않고도 행복해지기

범죄심리학에는 '깨진 유리창의 법칙'이라는 용어가 있다. 어떤 건물의 유리창이 깨진 채로 방치돼 있다면 행인들은 빌딩의 주인이 이곳에 별로 애착이 없다고 여기게 되고, 자신도 그곳을 더럽혀도 된다는 도덕적 해이에 빠진다는 것이다. 그런 분위기가 점점 퍼져나가면 빌딩 인근 지역은 범죄 발생률이 높은 우범지대가 될 수 있다.

놀랍게도 이 법칙은 나 혼자 사는 우리 집에도 적용되었다. 집이 한번 어질러지기 시작하면 계속해서 잡동사니가 쌓이면서 원래는 금세 치울 수 있던 공간이 나도 모르는 사이에 쓰레기장으로 변해 있었다. 정리 정돈은 큰맘 먹고 시간을 들이지 않으면 평소에는 엄두도 내지 못했다.

그런데 미니멀리즘을 실천한 후 집의 분위기가 확연히 달라졌다. 집에 문을 열고 들어오는 순간부터 기분이 매우 좋았다. 마치 여행지의 호텔에서 객실 문에 카드키를 찍고 들어갈 때의 느낌이랄까? 모든 것이 정갈하고 깔끔했다. 미니멀리즘을 실천하는 동안에는 집이 어지간히 어질러져 있지 않은 이상 쾌적한 환경이 계속해서 유지되었다(물론 어질러놓을 만한 물건 자체가 없다).

조금 어질러져 있어도 정리하는 데 시간을 많이 쓸 필요가 없었다. 바닥에 놓인 물건이 없으니 청소기를 돌리고 몇 가지 잡동사니를 정리하는 데 10분도 걸리지 않았다. 낭비하는 시간이 줄어들자 내가 꼭 해야 하는 일에만 집중할 수 있었고 생활 패턴도 심플해졌다. 그러다 보니 사고방식도 단순해졌다. 쾌적한 환경이 생각과 행동에 얼마나 큰 영향을 미치는지 새삼 깨닫게 되었다.

그중에서도 가장 크게 변화된 부분은 바로 소비 패턴이었다. 단순한 절약은 아니었다. 소비하고 소유하며 찾았던 즐거움은 이미 내가 가진 것만으로도 충분하다는 생각 때문에 더 이상 유효하지 않았다. 물건을 살 때는 '이게 나에게 진짜 필요할까? 이걸 사면 오랫동안 잘 쓸 수 있을까? 사놓고 3일 만에 내팽개치진 않을까? 집에 이 물건을 대체할 물건은 없을까?' 하는 여러 단계의 질문을 거쳐야 했고, 대부분은 첫 번째 질문도 통과하지 못한 채 탈락했다. 습관적으로 쿠팡, 티몬 같은 소셜 커머스에 들락날락하는 짓도 그만두었다. 타임딜, 얼리버드 같은 말에도 더는 현혹되지 않았다. '불필요한 걸 싸게 사는 건 낭비'라는 나름의 작은 철학도 생겼다.

무엇보다 지금 내가 가진 것에 감사하고 행복을 느끼는 사람이 되었다. '이 정도면 차고 넘치지, 뭐가 더 필요해?' 하는 생각과 함께 나에게 꼭 필요한 물건들이 있는 공간에 감사와 행복을 느꼈다.

이 영상을 올리고 나서 많은 분이 댓글을 달아주셨다. 대부분 미니멀리즘을 실천하며 느낀 점에 대해 공감해주셨고, 한편으로는 이 영상을 보고 미니멀리즘에 도전해보겠다고 하셨다(최고의 미니멀리즘은 남편을 갖다 버리는 것……이라는 다소 극단적인 댓글도 있었다).

그리고 그분들의 생각은 하나의 결론으로 모아졌다. 우리에게는 물건이 너무 많다. 그 물건이 행복을 가져다주지 않는다는 걸 알면서도 오늘도 또 사고, 사고, 산다는 것이었다. 직장인들 사이에는 우스갯소리로 회사에서의 스트레스를 풀기 위한 '홧김비용'(원래는 조금 더 격한 표현으로 자주 쓰인다)이라는 말이 있는데, 여기에는 내가 받은 정신적 부담을 돈으로 환산하겠다는 심리가 반영되어 있다. 그러나 대부분의 사람은 이렇게 만들어낸 행복이 그리 길게 가지 않는다는 것을 이미 알고 있다. 잠깐의 기쁨을 위해 산 물건은 어느 순간 더 큰 스트레스로 돌아오기 위해 당신을 기다리고 있다.

미니멀리즘이라는 말이 너무 거창해 보이는가? 그렇다면

내 옆에 있는 물건이 '꼭 필요할까?'라는 사소한 질문을 던지며 정리를 시작해보자. 정리의 차원을 넘어 나의 라이프 스타일을 단순하게 재정리하고 나아가 행복을 찾는 데 더할 나위 없이 좋은 도구이니 꼭 한번 실천해보길 바란다.

한국타잔의 도전일지

목표	미니멀리즘 실천하기
기간	한 달
선정 이유	무소유에서 오는 진정한 행복을 느끼고 싶다.
실천 방법	▪ 집 안을 둘러보며 어느 것을 정리할지 하나씩 살펴본다. ▪ 물건을 버릴 때는 과감해져야 한다. 나중에 필요가 있을 것 같더라도 지난 1~2년간 한 번도 사용하지 않았다면 눈을 질끈 감고 버린다. ▪ 잡동사니를 넣어두는 수납공간은 예쁜 쓰레기장이다. 이럴 때는 자주 쓰는 것만 남기고 통째로 버린다.
챌린지 키워드	▪ **미니멀리즘**: 생각과 생활 모두 심플해졌다. ▪ **행복**: 소비하지 않아도 삶의 만족도가 높아졌다. ▪ **유지**: 미니멀리즘은 버리고 난 다음이 진짜 시작이다.

이런 분들께 추천해요

▪ 늘 호텔처럼 깔끔한 집 안 상태를 유지하고 싶다.
▪ 저렴하면 습관적으로 사고 보는 맥시멀리스트다.
▪ 인생에 중요한 것만 남겨두고 일상생활과 사고방식을 단순화하고 싶다.

한국타잔의 도전 꿀팁

▪ 미니멀리즘이라는 개념이 어렵다면 지금 내 옆에 있는 물건이 '꼭 필요할까?'라는 질문에서 시작해보자.
▪ 한번에 모든 걸 정리하기보다 여러 구역으로 나눠 하나씩 정리해보자.

14

16대 8
간헐적 단식하기

나의 삶을 주도하는 간단한 시작

진행 기간: 2주

하루에 단 여덟 시간만 먹을 수 있다!

대학교 후배들이 유튜브 채널을 운영하는데 감사하게도 부족한 선배에게 출연을 요청해주었다. 다양한 도전과 자기계발에 대한 이야기를 나누고 마지막으로 제비뽑기를 해서 후배들과 함께 챌린지를 진행해보기로 했다. '한 달 동안 외국어 공부하기', '소셜미디어 없이 살기', '카페인 줄여보기' 등 다양한 선택지 중에서 내가 뽑은 것은 '간헐적 단식 챌린지'.

먹는 데 진심인 내가 간헐적 단식이라니? 후배들 앞에서 티는 내지 않았지만 주제를 확인한 순간 눈앞이 아득해졌다. 마른 체형 때문에 많은 사람이 내가 적게 먹을 거라고 오해하지만, 나는 생각보다 대식가다. 맛있는 음식을 찾아 먹는 것은 물론 많이 먹는 것도 좋아한다. 한마디로 세상의 모든 음식을 사랑한다. 그런데 간헐적 단식을 해야 한다니……. 내 손을 원망했지만 이미 약속했으니 겸허히 받아들이기로 했다.

쇠뿔도 단김에 빼라고 당장 다음 날부터 단식을 시작하기로 했다. 다음 날을 위해 일단 후배들과 점심을 든든히 먹고 집

　　　　　　　　　　14·16대 8 간헐적 단식하기

으로 돌아와 정보를 찾아보았다. 간헐적 단식이란 하루 중 정해진 시간 또는 일주일 중 정해진 요일에만 식사해 공복을 유지함으로써 체내의 독소를 배출하고 살을 빼는 일종의 식이조절법이다. 간헐적 단식 이전에는 비슷한 식이조절법인 1일 1식이 유행했다. 하지만 하루에 한 끼만 폭식하는 방식이 몸에 부담을 준다는 연구 결과가 나온 후로는 정해진 시간에만 식사하는 간헐적 단식이 더 주목받고 있다.

방법은 요일과 상관없이 열여섯 시간은 단식하고 여덟 시간 동안만 음식을 먹는 '16대 8 단식', 먹는 시간을 극단적으로 줄여 하루 네 시간 동안만 음식을 먹는 '20대 4 단식', 일주일 중 5일은 충분히 먹되 이틀은 식이를 제한하는 '5대 2 단식' 등 다양했다. 시간을 조절하는 방법을 택한다면 아침 식사와 저녁 식사 중 어떤 것을 제한할지도 골라야 한다. 나는 가장 많은 사람이 시도하고 초보자가 하기에도 어렵지 않은 16대 8 방식에서 아침 식사를 거르는 단식을 해보기로 했다. 식사 시간은 12시에서 20시까지로 정했고, 간식은 먹지 않기로 했다.

✔ **목표: 16대 8 간헐적 단식을 실천한다.**

먹는 즐거움을 포기하고 얻은 것들

일어나자마자 배가 고팠다. 평소에도 눈만 뜨면 배가 고파 시간이 너무 빠듯하지 않으면 대체로 아침을 챙겨 먹는 편인데, 이제는 먹을 수 있는 게 물밖에 없었다. '그래, 내 위에게도 휴식을 좀 주자'라고 생각하며 배고픔을 참았지만 쉽지 않았다. 매일 아침 꼬박꼬박 영양소를 공급받던 내 위도 적응이 안 되는지 계속 꼬르륵 소리가 났다. 그렇게 물로 서너 시간을 버티다가 식사 준비를 모두 마치고 식탁 앞에서 경건한 마음으로 12시가 되길 기다렸다.

11시 59분 57초…… 58초…… 59초…… 12시!

시계가 정확히 12를 가리키자마자 빛의 속도로 밥숟가락을 입에 집어넣었다. 이 얼마나 소중한 식사인가. 오전에 일부러 배를 비웠다가 점심을 먹은 건 거의 처음이었기에 더 맛있었고, 감사한 마음까지 들었다. 하루에 두 끼밖에 먹지 못하니 한 번 먹을 때 많이 먹어야겠다고 생각해 평소보다 밥을 더 많이 펐다. '간헐적 단식'이 아니라 '간헐적 폭식'이었으므로 올바른 방법은 아니었지만, 오늘이 첫날이었기 때문에 무리하지 않고 차차 식사량을 줄이기로 했다.

저녁 식사까지는 그리 어렵지 않게 기다렸다. 평소에도 군 것질을 많이 하는 편은 아닌 데다 점심을 든든히 먹었기 때문에 평소와 비슷한 상태로 저녁 식사 시간을 맞았다. 밤늦게 마시던 맥주도 오늘부터는 금지였으므로 맥주 한 캔도 미리 곁들여 마셨다. 저녁 식사까지 마치니 딱 8시. 한 번도 식사 시간을 신경 써본 적이 없는데 하루 식사가 일찌감치 마무리되었다고 생각하니 배가 불렀는데도 왠지 아쉬웠다. 그렇지만 식사 시간을 조절하는 것만으로 확실히 건강해진 느낌은 들었다.

둘째 날도 역시나 '아, 배고파' 하는 생각과 함께 잠에서 깼다. 공복 상태로 열여섯 시간을 버틴다는 생각만으로도 지루하고 긴 느낌이 들어 이제는 단순하게 '점심과 저녁만 먹는다'고 생각하기로 했다. 오전에는 여전히 배가 고파 몸이 배배 꼬였지만 첫날의 경험이 있어서 그런지 버틸 만했다. 그리고 오늘도 열여섯 시간 만에 먹는 점심 식사. 한 끼 한 끼가 더 소중해졌다.

저녁에는 친구를 만나 야구 경기를 보러 갔다. 야구장의 묘미는 바로 '치맥'인데 오늘만큼은 시간에 맞춰 반쯤 포기할 수밖에 없었다. 경기 중간인 8시까지 부랴부랴 치킨과 맥주 한 잔을 해치우고, 이후로는 나를 유혹하는 맥주보이의 눈길을 애써 외면한 채 깡생수로 아쉬움을 달랬다.

　5일 차쯤부터는 공복 상태를 유지하는 일이 점차 익숙해졌다. 평소와 달리 야식을 시키지 않다 보니 오히려 늦은 밤에 음식을 먹는다는 생각만으로도 부담스러웠고, 늦게까지 소화시킬 일이 없어 일찍 잠을 청하기도 했다. 아침에 일어났을 때도 서서히 몸이 가벼워진다는 느낌을 받았다. 야식을 먹고 나면 다음 날 아침에 속이 조금 부대꼈는데 단식한 다음부터는 아무 불편함 없이 아주 개운하고 속이 편했다. 몸에게 소화시킬 시간을 충분히 주어서 그런지 컨디션까지 좋아졌다(물론 배는 여전히 고팠다……).

　하지만 이번에도 고비는 어김없이 찾아왔다. 8일 차에는 생일 전날이라고 고향 친구들이 서울까지 찾아왔다. 제주 흑돼지 오겹살을 사주겠다는 친구의 말에 순순히 끌려갔고…… 그렇게 저녁 10시까지 오겹살, 목살, 달걀찜, 된장찌개, 냉면을 아주 신나게 먹어치웠다.

　실패는 여기서 끝나지 않았다. 생일 당일에는 서울에 있는 친구들이 찾아왔다. 나는 차마 배달로 치킨과 떡볶이를 주문하는 친구의 손길을 만류하지 못했고…… 그렇게 뭘 먹었는지 정확히 기억하기 어려울 정도로 새벽이 될 때까지 먹고 마셨다.

　아, 역시 폭식의 후폭풍은 장난이 아니었다. 이틀 동안 늦게까지 많은 양의 음식을 먹다 보니 몸에서 즉각 반응이 왔다. 잠에서 깼을 때 전혀 개운하지 않았고, 화장실을 다녀와도 간헐적 단식을 지킬 때와는 컨디션이 완전히 달랐다. 예민한 피부는 단 이틀간의 폭식으로 트러블투성이가 되었다.

아침 컨디션은 전날 저녁 식사에 생각보다 많은 영향을 받았다. 밤에 배고픔을 참지 못하고 야식을 먹어 아침에 더부룩한 것보다 배고픔을 느끼더라도 속을 비워주는 편이 기분 좋은 하루를 위해 훨씬 나았다. 이틀간 충분히 일탈을 즐겼으니 남은 기간 동안 다시 가벼운 몸을 느껴보리라 다짐하며 철저한 간헐적 단식을 다짐했다.

간헐적 단식을 하는 동안 대체로 저녁 식사 시간은 7시 반부터 8시였다. 식사 시간이 고정되자 생활 패턴도 일정해졌고 식사 시간 전후로 시간 활용도가 훨씬 높아졌다. 설거지까지 마쳐도 9시 정도로 이른 밤이라 그 이후에는 다른 일에 시간을 썼다.

드디어 간헐적 단식의 마지막 날. 이제 아침의 배고픔도 즐기는 경지에 이르렀다. 의도하지 않았지만, 야식을 먹지 않다 보니 자타공인 면 러버(lover)인 내가 2주 동안 라면도 먹지 않았다는 사실을 깨달았다. 마지막 날을 기념하며 아침 공복의 즐거움을 만끽하고 나서 점심 식사로 잠시 외면했던 만두 라면을 먹었다. 이 깊은 MSG의 맛! 저녁에는 지인을 만나 2주간의 간헐적 단식 간증을 나누면서 피자로 피날레를 장식했다.

더 높은 생산성과 자존감을 얻다

전문가들은 간헐적 단식으로 다음과 같은 건강 효과를 얻을 수 있다고 이야기한다. 먼저 체내 인슐린 수치가 낮아져 저혈당을 예방할 수 있고, 지방이 타는 속도가 빨라지기 때문에 일주일에 4~5회가량 간헐적 단식을 꾸준히 지속하면 체중 조절에 도움을 주어 건강한 몸을 유지할 수도 있다. 소화 기능에 부담을 덜 주므로 소화기관이 튼튼해지는 것은 물론, 소화하는 데 불필요하게 많은 에너지를 쓰지 않게 되어 컨디션이 좋아지고 집중력이 높아진다.

 2주라는 짧은 시간이었기 때문에 간헐적 단식의 효과가 실제로 있었는지 확인하기는 어려웠지만, 조금이나마 그 원리는 이해할 수 있었다. 아침의 배고픔은 곧 편안함으로 바뀌었고, 피부도 눈에 띄게 좋아졌다. 함께 도전했던 후배의 말에 따르면 평소 잘 붓는 여성이라면 붓기가 빠지는 경험도 할 수 있

14 · 16대 8 간헐적 단식하기

다고 한다.

이번 도전에서 건강상의 변화보다 내가 더 긍정적으로 생각한 경험은 식사를 조절한 것만으로 얻은 높은 생산성과 자존감이다. 도전하는 내내 정해진 시간에 식사를 마치고 나면 왠지 모를 성취감이 느껴졌다.

일본의 사상가인 미즈노 남보쿠는 자신의 책《절제의 성공학》에서 이런 단순한 원리를 다음과 같이 설명한다.

> 자신이 성공할 것인가를 알고 싶다면 먼저 식사를 절제하고 이를 매일 엄격히 실행해보면 됩니다. 만약 이것이 쉽다면 반드시 성공할 것이고, 그렇지 않다면 평생 성공할 수 없다고 판단하면 됩니다. 식사를 절제할 수 있는 사람은 모든 것을 절제할 수 있습니다.
>
> _《절제의 성공학》, 미즈노 남보쿠, 바람, 2013, p. 68

단순히 '그깟 먹을 것'을 절제한다고 생각했는데, 나는 그외의 다른 것도 절제할 수 있는 사람이었다.《돈의 속성》을 쓴 김승호 회장 역시 이 책을 읽고 항상 소식하며 최상의 컨디션을 유지하기 위해 노력한다고 한다. 식사를 조절하는 것은 내 삶 곳곳에 스며든 무절제한 습관을 바꾸는 시작이었다.

버튼 몇 번만 누르면 오는 배달 음식, 밤늦게까지 문을 연

12시까지 기다리려니까 쉽지가 않네요 진짜로

단순히 '그깟 먹을 것'을 절제한다고 생각했는데,

나는 그 외의 다른 것도 절제할 수 있는 사람이었다.

온갖 식당, 24시간 편의점 등 우리를 유혹하는 음식들은 언제나 곳곳에 도사리고 있다. 낮이든 밤이든 배가 고프면 순간의 만족을 위해 별생각 없이 음식을 찾아 금세 먹을 수 있다. 하지만 그 결과는 어떤가. 편하지 않은 속을 부여잡고 하루 종일 화장실을 들락날락하거나 지금 해야 할 일에 집중하지 못하고 전전긍긍하게 된다. 제때 챙겨 먹기만 하면 그만이라고 생각한 '그깟 식사'는 '무려 식사'였던 셈이다.

짧은 시간이지만 식사를 통제함으로써 얻는 상쾌함을 경험해보니 앞으로 인생에서 나를 방해하는 게 생긴다면 무엇이든 단호하게 끊어낼 용기가 생겼다. 그중에서도 나의 컨디션을 좌우하는 식습관에는 더욱 촉각을 세우고 살아가보려 한다.

한국타잔의 도전일지

목표	16대 8 간헐적 단식하기
기간	2주
선정 이유	대학교 후배들과 함께 간헐적 단식 챌린지를 시작했다.
실천 방법	▪ 오후 12시부터 저녁 8시까지 하루에 여덟 시간만 식사하고, 나머지 시간에는 공복을 유지한다. ▪ 약속이 있을 때도 되도록 정해진 시간 안에 식사를 마친다. ▪ 간헐적 폭식으로 가지 않도록 주의한다. 다만 초반에는 공복감이 심할 수 있으므로 차차 식사량을 줄이는 것이 좋다.
챌린지 키워드	▪ **절제**: 식사가 인생의 성공에 영향을 미친다는 것을 배웠다. ▪ **가벼움**: 식사량이 줄어 몸이 가벼워졌다.

이런 분들께 추천해요

▪ 야식을 즐겨 먹고 폭식하는 등 위를 혹사시키며 살고 있다.
▪ 내가 나의 삶을 주도하고 있다는 느낌을 받고 싶다.

한국타잔의 도전 꿀팁

▪ 공복을 유지하는 편한 시간대는 사람마다 다를 수 있다. '16대 8', '20대 4', '5대 2' 등 다양한 방식이 존재하니 자신에게 맞는 것을 선택하면 된다.
▪ 식사 시간을 조절하는 것만으로도 힘들 수 있으므로 메뉴는 자유롭게 먹는 것이 좋다.

15

매일 계단으로 다니기

사소한 습관으로 삶의 만족도를 높인다

진행 기간: 한 달

계단을 오르면 정말 수명이 늘어날까?

어느 날, 늘 가던 도서관 계단을 올라갈 때 다음과 같은 문구가 눈에 들어왔다.

'계단 한 칸을 오를 때마다 수명이 4초 늘어납니다'

자주 보던 글인데, 그날따라 저 말이 맞는지 아닌지 시험해보고 싶었다. 정말 계단 한 칸에 수명이 4초씩 늘어날까? 당연히 계단 오르기가 초 단위의 수명에 영향을 미치는지 증명해낼 재주가 나에게는 없었다. 다만 뉴스에서도 계단 오르기가 건강에 좋다고 하니, 구체적으로 뭐가 어떻게 좋아지는지 체험으로 알아내고 싶었다. 그래서 건강도 챙길 겸 한 달 동안 계단으로만 다녀보기로 했다. 내가 19층에 산다는 것은 새까맣게 잊은 채…….

계단 오르기를 할 때는 주의할 점이 한 가지 있었다. 내려갈 때는 올라갈 때에 비해 관절에 크게 무리가 갈 수 있어 엘리베이터를 이용하는 게 좋다고 한다. 그래서 어떤 건물이든 올라갈 때는 계단, 내려갈 때는 엘리베이터라는 규칙을 정하고 도전을 시작했다.

✔ 목표: 한 달 동안 건물을 올라갈 때 엘리베이터 금지, 계단만 이용한다.

19층도, 42층도 오직 두 다리로!

본격적인 시작에 앞서 잠깐 퀴즈. 1층에서 19층까지 걸어 올라가는 데 몇 분 정도가 걸릴까? 10분? 20분? 정답은 6분이다. 노래 두 곡이 채 되지 않는 짧은 시간이다. 물론 쉬지 않고 올라갔을 때의 이야기지만, 걱정했던 것보다 긴 시간은 아니다. 그래서 내 도전이 쉬웠냐 하면 절대 아니다.

호기롭게 시작했지만 첫날부터 막막했다. 지금의 집에 살면서 19층까지 단 한 번도 계단으로 걸어 올라간 적이 없었다. 다섯 대나 있는 엘리베이터를 지나 계단실 문을 열었다. 고개를 들어 위쪽을 한 번 쳐다봤다. 끝이 보이지 않았다. 지독한 싸움이 될 것 같은 예감이 들었다. 그래도 마음을 굳게 먹고 한 손에 핸드폰을 꽉 쥔 채 녹화 버튼을 눌렀다. 생각해보니 예전에 살던 원룸은 엘리베이터가 없는 4층에 있었다. 그걸 딱 다섯 번 한다고 생각하자. 그렇게 결심하고 첫발을 내디뎠다.

2층, 3층을 지나 4층에 다다랐다. 4층 정도야 평상시에도 종종 올라갔기 때문에 크게 힘들진 않았다. 문제는 6층부터였다. 슬슬 허벅지에 자극이 오기 시작했다. 한 층, 한 층을 올라가는 속도가 급격하게 느려졌다. 열심히 오르고 또 오르다 보니 10층이다. 드디어 절반까지 도착했다. '벌써 반이나 왔네'라고 생각하기에는 다리가 멋대로 후들거린 지 오래였다. 지금까지 오른 걸 한 번 더 해야 한다니……. 엘리베이터를 탔으면 집에 도착하고 남았을 시간인데. 이후부터는 아무 생각도 들지 않았다. 입으로 내뿜는 거친 숨소리만 들렸고, 층수도 아주 천천히 올라갔다.

16층…… 17층…… 거의 다 왔다……. 18층……!

그리고 마침내 19층……!

황급히 계단실 문을 열고 밖으로 나와 집까지 마지막 힘을 쥐어짜 도착한 다음 도어락을 눌렀다. 신발을 벗음과 동시에 쓰러지듯 침대에 드러누웠다. 등이 땀으로 흠뻑 젖었지만, 다시 일어날 기운도 없었다.

'도전 환불할까…….'

포기하고 싶은 생각도 잠시 들었지만, 이왕 시작한 도전을 되돌리고 싶지는 않았다. 내심 이 정도면 콘텐츠로도 나쁘지 않고, 한 번 해보고 나니 할 만하겠다 싶기도 했다.

그런데 이게 웬걸, 위기는 한 시간 만에 찾아왔다. 저녁을 해 먹어야 하는데 냉장고에 먹을 만한 게 없었다.

'아, 그럼 장 보고 또 걸어 올라와야 하네? 그것도 장 본 거 들고?'

굶을 수는 없었기에 결국 마트에 갔다. 1층으로 내려가는 엘리베이터가 벌써부터 소중했다. 달걀 한 판과 채소를 양손에 들고 어김없이 계단실로 들어왔다. 아까 한 번 올라봐서 그런지 두려움은 덜했다. 그렇다고 절대 덜 힘들지는 않았다. 헉헉거리면서 겨우 19층까지 올라와 식재료를 정리할 정신도 없이 다시 침대에 드러누웠다. 혹시…… 도르마무……?

뭉친 허벅지를 달래고 후덜덜 떨리는 다리를 이끌고 겨우 저녁밥을 해 먹었다.

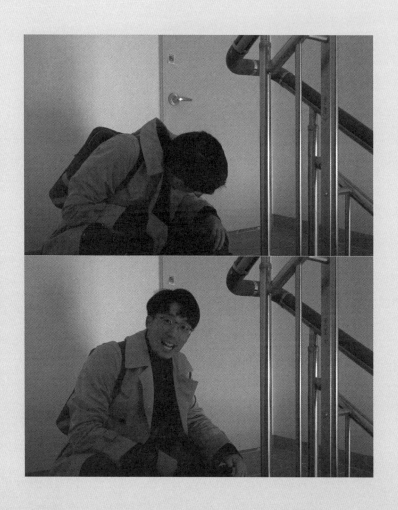

포기하고 싶은 생각도 잠시 들었지만,

이왕 시작한 도전을 되돌리고 싶지는 않았다.

'아, 이제 좀 쉬다가 운동하러 가야겠다. ……음?!'

잠시만, 그렇다는 말은 10층에 있는 헬스장까지 걸어 올라가고, 운동이 끝난 다음에 다시 19층까지 계단으로 올라와야 한다는 것?

혹시나 해서 말하자면 오늘은 도전 첫날이다. 왜 난 아까 나간 김에 운동할 생각을 못 했고 내가 다니는 헬스장은 10층인 걸까. 어이가 없어서 헛웃음이 나왔지만 내일부터는 계획적으로 스케줄을 짜겠다 다짐하고 헬스장으로 향했다.

10층은 19층에 비하면 수월했다. 계단으로 올라오니 따로 워밍업도 필요 없었다. 운동을 마치고 집으로 돌아와 이를 악물고 다시 엉금엉금 19층까지 기어 올라갔다.

'드디어 집이다. 오늘은 더 이상 계단을 오르지 않아도 된다.'

최근 며칠 중 가장 노곤하고 마음이 편해지는 밤이었다. 아니나 다를까, 도전 첫날 후기 영상을 보니 눈에 피로가 가득했다. 오늘 하루만 거의 70층을 걸어 올라갔으니 그럴 만했다. 그래도 계획만 잘 짜면 꽤 수월할 것 같았다. 첫발을 잘 내디뎠다는 작은 자신감도 붙었다.

다음 날부터는 소위 '천국의 계단'이라고 불리는 스텝밀 머신을 6분 동안 타면서 틈새 유산소 운동을 한다고 생각하기로 했다. 첫날부터 갖은 고생을 해서 그런지 둘째 날부터는 훨씬 편해졌다. 힘이 될 만한 신나는 노래를 듣거나 유튜브 영상을 하나 틀어두면 순식간에 19층에 도착해 있었다. 또 내가 좋아하는 야구 중계도 든든한 지원군이 되어주었다.

이 정도면 가뿐하게 한 달 챌린지를 해낼 수 있겠다고 생각했지만 5일 만에 뜻하지 않은 위기가 찾아왔다. 오랜만에 부모님을 뵈러 본가에 내려갔는데, 내려갔는데⋯⋯.

우리 집은 42층이었다(아버지, 왜 이렇게 집을 높은 곳에⋯⋯).

과연 내가 한 번에 올라갈 수 있을까? 나는 왜 계단 오르기 챌린지를 시작했을까? 온갖 생각이 다 들었지만, 일단 짐이 너무 많아 1층으로 아버지를 호출했다.

"아빠, 저 한 달 동안 계단으로만 다니기 도전하고 있는데 짐이 많아서 이것만 좀 올려주세요."

"오, 그래? 아빠도 요새 계단으로 다니는데."

"네? 42층까지요?"

"응, 지하 2층부터 42층까지."

그렇다. 아버지는 고교 시절 역도부, 대학 시절 보디빌더, 그리고 귀신 잡는 해병대 출신이었다. 아무래도 내가 가진 도전 DNA는 아버지로부터 온 것이 분명하다.

이제 마음을 단단히 먹고 42층까지 걸어 올라가기 시작했다. 땀을 뻘뻘 흘리며 25층까지 올랐을 때 갑자기 계단실 문이 열렸다. 아버지였다. 여기에서부터는 함께 집까지 올라갔다. 계단으로 다니는 게 힘들지 않으시냐고 여쭤보니 천천히 오르면 20분, 빨리 오르면 12분쯤 걸린다며 대수롭지 않다는 듯 대답하신다(역시 그 아버지에 그 아들).

신기하게도 42층까지는 딱 12분이 걸렸다. 태어나서 처음으로 42층까지 걸어 올라와 보니 엘리베이터가 고장 났을 때를 대비해 이렇게 미리미리 계단 오르기에 익숙해지는 것도 나쁘지는 않겠다는 생각이 들었다.

이후부터는 도전이 한결 수월했다. 한 달 중 3일은 회사에서 연 전시회에 참가해 하루 종일 서 있어야 하다 보니 무리하지 않기 위해 10층까지만 계단으로 오르고 그 위로는 엘리베이터를 탔다. 지친 다리를 이끌고 10층까지 겨우 올라 엘리베이터에 타자 19층까지 올라가는 데 고작 10초가 걸렸다. 엘리베이터를 만든 사람은 노벨 평화상을 받아야 하지 않을까? 엘리베이터가 이렇게나 좋은 문명의 이기였다니, 새삼 달라 보였다.

계단 오르기로 한 달 동안 내 수명이 얼마나 길어졌는지는 모르겠다. 계단 하나에 4초씩이라면 하루쯤은 늘어났으려나? 적어도 운동 효과가 어마어마해서 체력은 눈에 띄게 좋아졌다. 만지기만 해도 허벅지와 엉덩이가 탄탄하게 느껴질 정도로 유산소 운동 효과도 확실했다. 특히 헬스장에서 웨이트와 유산소 운동을 마치고 칼로리 버닝이 끝났다고 생각할 때쯤 다시 한 번 계단 오르기로 마무리 운동을 해주니 저절로 살이 빠졌다. 계단 오르기 중에 시작한 '복근 만들기' 도전 때문에 식단도 조절했지만, 습관적으로 계단을 오른 덕분에 어렵지 않게 8킬로그램을 감량했다.

러닝 용어 중에 '러너스 하이(runners' high)'라는 말이 있다. 30분 이상 달리기를 계속하다 보면 죽을 것 같다는 느낌을 넘어서 갑자기 행복감이 밀려드는데, 이때는 피곤이 사라지며 계속해서 뛸 수 있을 것 같은 기분이 든다고 한다. 사람이 극한 상황에 놓이면 뇌는 생존을 위해 우리를 속이게 된다. 그러나 때로는 알면서도 그 속임수에 넘어가 행복한 기분을 느끼고 싶을 때가 있지 않은가. 나 역시 계단을 오르며 10분이 채 되지 않는 짧은 시간에 잠깐이나마 이런 기분을 경험했다. 19층을 다 올라갔을 때 말이다. 밖에서 따로 운동하는 시간을 내기 어려운 사람이라면 계단 오르기라는 단순한 습관만으로 이런 뿌듯함과 행복을 느껴보면 어떨까 싶다. 나는 이런 변화를 '워커스 하이(walkers' high)'라고 부르기로 했다.

　내가 사는 오피스텔의 계단실은 창문이 뚫려 있어 숨이 차고 힘들어도 쾌적하고 답답하지 않았다는 장점이 있다(다른 오피스텔이나 아파트 계단실은 좁고 창이 없어 답답한 경우도 많다). 집까지 걸어 올라가는 게 부담스럽거나 높은 건물에 살지 않아 집에서는 계단을 사용하기 어렵다면 지하철이나 학교, 회사에서 계단을 이용해보면 어떨까? 어떠한 도구도 필요 없이 하루 10분 미만으로 최고의 만족을 얻는 '아주 작은 습관의 힘'을 경험할 수 있을 것이다.

한국타잔의 도전일지

목표	한 달 동안 매일 계단으로 다니기
기간	한 달
선정 이유	'계단 오르기를 하면 정말 수명이 길어질까?' 궁금했다.
실천 방법	▪ 일상생활에서 만나는 계단은 무조건 걸어서 올라간다. ▪ 계단을 내려갈 때는 관절에 무리가 가므로 올라갈 때만 계단을 이용한다. ▪ 집이나 회사 등 자주 다니는 곳에 계단이 없다면 버스 대신 지하철을 타고 다니는 것도 방법이다.
챌린지 키워드	▪ **수명 연장**: 검증할 수는 없지만 수명이 늘어날 수 있다. ▪ **기초 체력**: 몸매가 탄탄해지고 체력이 올라간다. ▪ **만족감**: 사소한 습관으로 삶의 만족도가 높아졌다.

이런 분들께 추천해요

▪ 건강과 행복감을 모두 챙기는 루틴을 갖고 싶다.
▪ 평소에 하는 운동의 효과를 배로 높이고 싶다.

한국타잔의 도전 꿀팁

▪ 웬만하면 계획적으로 스케줄을 짜서 외출하는 게 좋다. 하하!
▪ 신나는 노래를 듣거나 유튜브 영상을 틀어놓으면 훨씬 수월하게 오를 수 있다.

16

한 달 동안 요가하기

나와 너, 우리의 평안을 비는 단순한 방법

진행 기간: 한 달

금남의 영역(?)에 도전하다

몸을 배배 꼬고 기묘한 자세를 취하고 있는 사람들, 정신을 몽롱하게 하는 향 냄새, 주문인지 가사인지 알아듣지 못할 신비한 음악. 한동안 요가는 인도에서 시작된 정신 수련으로만 인식되어 대중적으로 크게 환영받지 못했다. 취미 활동으로 점점 인기가 높아진 후에도 여성의 운동이라는 편견이 깔려 있어 남자들에게는 진입 장벽이 꽤 높은 운동이었다. 그러나 이효리가 〈효리네 민박〉에서 요가와 함께하는 일상을 보여준 뒤, 많은 사람이 요가를 시작했고 지금은 대표적인 생활 운동이자 수련법으로 자리 잡았다.

그럼에도 나는 특별한 이유 없이 요가가 썩 내키지 않았는데, 일기 쓰기와 명상에 도전한 영상을 업로드한 다음부터 나의 의사와는 상관없이 유튜브 알고리즘이 요가를 추천해주기 시작했다. 아무래도 명상과 관련된 영상을 보는 사람들이 요가 영상도 많이 보는 모양이었다. 처음에는 아무것도 클릭하지 않았지만, 어쩐지 '아침 공복 운동 전신 요가'라는 30분짜리 영상

203

16 · 한 달 동안 요가하기

에는 마음이 끌렸다. 썸네일에 나온 요기니가 남자분이었기 때문이다.

몸 좋은 헬스 유튜브 채널들은 줄줄 외울 정도로 많이 봤지만, 요가 채널은 처음인 데다 남자 요가 채널이라니 어떤 느낌일지 궁금했다. 클릭. 영상이 시작되자마자 나오는 깔끔한 배경과 예상을 깨고 귀에 꽂혀오는 저음의 목소리에 한순간에 매료되었다. 게다가 조회 수도 30만 회로 꽤 높았다.

"아침에 일어나자마자 물 한 잔 마시고 공복 상태에서 진행해도 무리 없을 정도의 난이도예요."

오, 이 정도면 초보자를 위한 코스구나. 몸이 유연하지는 않았지만 초등학교 때 높이뛰기 선수도 했고 헬스를 하면서 틈틈이 스트레칭을 했기 때문에 저 정도 난이도는 쉽게 따라 할 수 있을 것 같았다. 게다가 요리조리 움직이는 동작을 따라 하다 보면 가만히 앉아 있는 명상보다는 훨씬 재밌게 도전할 수 있지 않을까 싶었다.

✔ **목표: 한 달 동안 매일 요가를 한다.**

5분의 평안을 위한 25분의 고통

얼.

으학.

끄아악.

쯔아아쒸.

아오, 이거 언제 끝나!

세상에, 요가는 스트레칭 정도로 이렇게 저렇게 자세만 바꾸는 운동인 줄 알았는데, 일어나자마자 물 한 잔 마시고 공복 상태에서 움직이기에는 꽤 몸에 무리가 가는 어려운 동작이 많았다. 결국 곡소리만 내다 겨우겨우 첫 번째 요가를 끝냈다. 다리는 후들거리고 온몸은 땀범벅이 되었다.

그래도 한 가지 좋은 점은 있었다. 영상에서는 25분 동안 요가를 하고 나머지 5분은 누워서 호흡하며 명상을 하는데, 그 순간 몸이 가벼워진다는 느낌이었다. 그제야 요가를 한 달 하면 어떤 변화가 생길지 궁금해졌다.

다음 날에도, 그다음 날에도 곡소리 챌린지는 계속되었다.

분명 정적인 움직임인데 코어 근육을 자주 써야 했고, 그래서인지 운동 강도가 상당히 높았다. 그래도 하고 나면 혈액순환이 되고 몸이 유연해진다는 느낌만큼은 분명했다. 일어나자마자 25분간 몸을 열심히 움직이고 5분 동안 잠시 명상한 후에 샤워하고 나오면 간밤에 몸의 바닥으로 내려간 에너지가 다시 온몸을 타고 도는 기분이었다. 특히 누워서 5분 동안 명상할 때면 마음이 차분해지며 그날 하루 동안 쌓일 스트레스를 위해 방어막을 쌓는 것 같았다. 나중에는 그 5분을 위해서 25분 동안 요가를 했다고 해도 과언이 아니었다.

도전 기간 중에는 마침 추석이 껴 있었다. 사촌 누나와 고모가 요가 강사인데 그동안은 한 번도 요가를 알려달라고 한 적이 없었다. 이번에는 할머니 댁에 가는 날 부탁해서 공짜로 수업을 들었다. 푸른 잔디가 깔린 할머니 집 마당에 매트를 깔고 요가 수업을 받으니 마치 〈효리네 민박〉 안으로 들어간 듯했다. 누나와 고모에게는 이 정도면 남자치고 꽤 준수한 수준이라며 칭찬을 들었다.

이후 도전이 끝날 때까지도 곡소리는 끊이지 않았다. 그러나 다행스럽게도 동작이 익숙해지면서 버벅대는 움직임이 줄었고, 잃어버렸던 유연성도 조금씩 돌아왔다. 아침이면 요가를 해야 한다는 생각에 눈이 번쩍 뜨였다. 정 시간이 없을 때는 그동안 외운 동작 몇 개를 반복하며 5분 만에 속성으로라도 꼭 몸을 움직였다. 한 달간의 요가 체험은 그렇게 큰 어려움 없이 끝났다.

지금까지 내가 아는 운동이라고 하면 달리기를 제외하고 항상 기구나 공이 필요했다. 하지만 요가는 몸뚱어리와 매트만 있으면 얼마든지 할 수 있다 보니 초보자도 쉽게 시작해볼 수 있는 운동이라는 생각이 들었다.

나마스테, 복잡한 세상에서 나에게 건네는 평화의 주문

돌이켜 생각해보면 내가 요가를 시작할 수 없었던 가장 큰 장벽은 '편견'이었다. 요가는 대충 몸이나 움직이는 스트레칭이라는 것, 남자와는 어울리지 않는 정적인 운동이라는 것, 쫄쫄이 같은 옷을 입고 우스운 움직임을 해야 한다는 것. 다 말이 안 되는 생각이었다. 한 달간 요가를 하며 내가 얻은 것들은 그 모든 편견을 상쇄하고도 남을 만큼 컸다.

그중 첫 번째 효과는 건강이었다. 요가를 시작하기 얼마 전 헬스장에서 스쿼트를 하다 허리를 삐끗했다. 충분히 스트레칭하고 정확한 자세를 취해야 하는데 욕심을 내다가 뼈에 무리가 갔다. 헬스를 쉬고 있는 와중에 우연히 요가를 접했고, 요가에 전념한 지 한 달 뒤 놀랍게도 통증이 거의 다 사라졌다. 운동하다 허리를 다쳤을 때는 코어 위주로 강도가 낮은 운동을 하는 것이 좋다고 하는데, 요가가 그 역할을 톡톡히 해줬던 것이다.

두 번째 효과는 명상이었다. 내가 명상에 도전했을 때 호흡을 의식하며 집중력을 높였는데, 요가할 때는 따로 호흡하지 않아도 잡생각이 나지 않았다. 요가 자세에 호흡법이 포함되었기 때문이기도 하지만, 조금만 집중력이 흐트러져도 균형을 잡을 수 없고 가이드 영상을 잘 따라가려면 다른 것에 신경 쓸 겨를이 없었던 이유가 더 컸다. 그러다 보니 자연스럽게 내 몸과 마음만 들여다볼 수 있었다. 그래서 알고리즘이 명상의 연관 영상으로 요가를 추천해준 듯하다.

세 번째 효과는 집중력이었다. 아침부터 몸을 쓰고 정신을 집중하는 훈련을 하자 하루 종일 상쾌한 기분이 지속되었다. 업무 효율이 높아진 것은 덤이었다. 특히 몸이 무거운 아침에 홈트처럼 무리한 운동을 하다가는 다치기 쉬운데, 요가는 가볍게 몸을 풀어주면서도 적절한 자극을 주는 강도로 온몸에 활력을 주었다.

《요가 매트만큼의 세계》라는 에세이를 쓴 이아림 작가는 요가에 대해 이렇게 말한다.

> 요가를 하다 보면 안 되는 것투성이다. 늘 쫓아가기 바쁘고 오른쪽 다린지 왼쪽 다린지 헷갈리고, 무엇보다 아프다. 온몸이 다. 숨 쉬는 것도 어렵다. 그러니 손을 뻗고 고개를 들고 간신히 균형을 잡는 사이, 적금 만기일이나 보험 납부액 따위를 떠올릴 여유는 없다. 최소한의 것만 받아들이고 사고한다. 겨우 매트 크기만큼의 세계다.
>
> —《요가 매트만큼의 세계》, 이아림, 북라이프, 2018, p. 19

몸과 마음을 정돈한다는 것은 생각보다 꽤 단순할지도 모른다. 요가가 끝날 때는 내가 본 영상뿐 아니라 어디에서든 '나마스테'라는 산스크리트어 인사말로 마무리하는데, 어쩐지 이 말이 복잡한 세상에 나가 전쟁 같은 하루를 시작하는 나에게 비는 평화의 주문처럼 느껴졌다.

요가를 하며 하루에 딱 30분, 아무런 기구 없이 내가 있는 한 평짜리 공간에서 온 세계를 느껴보면 어떨까. 너무 거창하다고? 그렇다면 정말인지 아닌지 해보면 될 게 아닌가. 분명 내가 느낀 것 이상의 상쾌함과 개운함, 그리고 마음의 평화를 얻을 수 있을 것이다. 요가의 즐거움을 알려준 요가소년님, 사촌 누나, 그리고 유튜브 알고리즘에게 감사 인사를 전한다. 나마스테.

한국타잔의 도전일지

목표	한 달 동안 요가하기
기간	한 달
선정 이유	금남의 영역(?) 같았던 요가에 도전해보고 싶었다.
실천 방법	<ul><li>유튜브에서 따라 해볼 만한 요가 영상을 하나 선택해 한 달 동안 반복한다.</li><li>요가의 절반은 호흡이다. 동작을 똑같이 하기 어렵더라도 호흡을 놓치지 않도록 최대한 집중한다.</li><li>기회가 된다면 야외에서 해보는 것도 추천한다.</li></ul>
챌린지 키워드	<ul><li>**명상**: 잡생각이 사라지면서 명상과 비슷한 효과를 낸다.</li><li>**혈액순환**: 밤새 가라앉았던 몸에 활력이 생겼다.</li><li>**주문**: '나마스테'라는 인사로 하루가 평온해졌다.</li></ul>

이런 분들께 추천해요

- 내 몸을 움직여 스트레스를 푸는 루틴을 갖고 싶다.
- 잡생각을 버리고 집중력을 높이고 싶다.

한국타잔의 도전 꿀팁

- 요가 동작이 마냥 쉽지는 않으므로 무리하지 말고 따라 할 수 있는 만큼만 해보자.
- 초보자들은 유튜브에 올라온 영상 중 쉬운 난이도를 찾아서 따라 하는 것이 좋다.

17

5주 만에
복근 만들기

자신과의 싸움에서 이기는 법

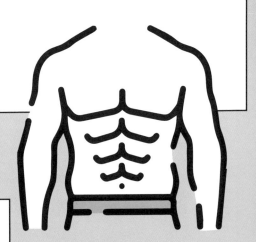

진행 기간: 5주

자기관리의 상징인 복근 만들기

왜소하고 마른 체형보다 근육으로 다져진 다부진 몸이 더 사랑받는 시대다. 예전부터 탄탄한 몸을 가진 남자들에 대한 선호는 있었지만, 유튜브에 헬스 채널이 늘어나고 혼자서도 운동할 수 있는 여건이 갖춰지면서 더 많은 사람이 헬스의 길로 들어서고 있는 듯하다.

나 역시 20대 초반에는 헬스에 별 관심이 없다가 전역하고 처음 경험한 웨이트 트레이닝에 재미가 들려 꽤 꾸준히 운동을 했다. PT를 받는 것도 아니고 유튜브를 보며 겨우 자세를 잡아보는 정도였지만 20년 넘게 콤플렉스였던 마른 몸이 조금씩 근육들로 채워지자 신이 나서 더 열심히 했다(워낙 마른 체형이라 눈바디가 극적으로 달라지진 않았다). 그러다 보니 어느 날부터는 빨래판 같은 복근을 만들고 싶다는 생각이 들었다.

나는 당시에 체중을 불리며 근육을 키우고 있는 상황이어서 기세를 몰아 웨이트 트레이닝에 몰두해야지 살을 빼가며 복근을 만들 시기는 아니었다. 그럼에도 굳이 복근을 만들고 싶었던 이유는 그것이 철저한 자기관리의 결과물이라는 것 때문이었다.

그즈음 나는 '벌크업'한다는 핑계로 식단을 조절하지 않고 최선을 다해 음식을 먹어서 굴곡이 사라지고 밋밋한 통스팸 같은 몸이 되었다. 운동을 해본 사람은 알겠지만 복근을 만들기 위해서는 운동과 식단을 철저하게 관리해 낮은 체지방률을 유지해야 한다. 며칠만 운동을 쉬어도 근육이 풀어지므로 꾸준히 관리해주지 않으면 안 된다. 일정한 기간을 잡고 최선을 다해 다이어트하는 것보다 계속해서 꾸준히 몸을 유지하는 게 더 어렵다는 사실은 누구나 안다. 오죽하면 다이어트 다음에 꼭 필요하다는 '유지어터'라는 말까지 생겼을까. 이것은 헬스의 세계에서도 똑같았다.

그렇게 나는 식단관리 없이 무작정 쇠질만 하던 지난날을 반성하며 한 달 동안 복근 만들기에 돌입했다.

✔ 목표: 복근을 만들어 통스팸 몸매에서 벗어난다.

극한 상황으로 나를 밀어붙이다

막상 복근 운동을 하려니 상당히 성가시고 귀찮았다. 웨이트 트레이닝으로 가슴이나 어깨, 등 같은 부위 운동을 끝내고 체력이 탈탈 털린 상태에서 또 새로운 운동을 해야 했기 때문이다. 기구로 하는 운동이라면 어떻게든 몇 세트라도 억지로 하면 되지만 복근 운동은 내 체중을 고스란히 실어야 하는 맨몸 운동이라 상상만으로도 고통스러웠다.

그래도 일단 헬스장에서 운동을 마치고 집에 돌아와 카메라 녹화 버튼을 누른 다음 매트를 깔고 누웠다. 상체를 약간 들어 올리는 크런치, 하체에 체중을 싣고 다리를 내렸다 올렸다 하는 레그레이즈, 팔꿈치와 반대쪽 무릎을 번갈아 가며 짚는 에어바이크 동작을 50~60회씩 3세트 진행했다.

크런치나 레그레이즈는 군대에서도 해봤기 때문에 꽤 익숙했는데, 에어바이크는 처음인 데다 가장 고난이도 동작이라 첫 번째 시도에서부터 순간적으로 복근이 찢어지는 느낌이 들었다. 나도 모르게 소리를 지를 정도로 너무 고통스러웠다. 복부가 좌악 쪼여들자 몇 초 동안은 몸을 펴지도 못한 채 잔뜩 움

츠려서 데굴데굴 굴러다녔다. 무슨 말인지 잘 모르겠다면 한번 따라 해봐도 좋다.

그래도 뭐 어쩌겠는가. 복근을 만들려면 복근 운동 말고 방법이 있나. 체력이 없어서 헬스장에 못 가는 한이 있더라도 복근 운동만은 매일매일 하다 보니 배가 찢어지는 고통도 조금씩 익숙해졌다.

문제는 이런 근력 운동만으로는 복근을 만들기에 턱없이 부족하다는 것이었다. 복근 만들기의 핵심은 근육량보다 체지방량을 더 줄이는 것, 쉽게 말해 살을 빼는 것이었다. 지금까지는 마른 몸이 콤플렉스라 어떻게든 살을 찌워보려고 노력했지만, 이제는 그 반대 상황이 되었다. 살다 살다 내가 살을 빼는 날이 오다니. 굉장히 아이러니하고 기분이 이상했지만 어쩔 수 없었다.

체지방을 빼는 데 가장 효과적인 방법은 유산소 운동이다. 이때부터는 근력 운동과 더불어 시간이 나면 아침이든 저녁이든 무조건 러닝을 하기 시작했다. 예전 같았으면 적당히 숨이 찰 정도로만 뛰었을 텐데, 이번에는 거의 한계까지 나를 몰아붙였다. '이 정도면 되지 않을까' 하는 생각이 들면 '아니야. 조금만 더 뛰면 조금이라도 더 빠질 거야' 하는 생각이 또 들어 10분을 더 달렸다. 확실히 근력 운동만 했을 때보다 복근이 더 선명해지는 게 느껴졌다.

그런데 또 운동만으로는 복근이 세상 밖으로 나오기에 충분치 않았다. 이번에는 식단이 문제였다. 살면서 다이어트를 하는 것 역시 처음이었다. 정석대로 탄수화물은 적게, 단백질은 가능한 한 많이 먹기로 했다.

한 달 동안 노브랜드에서 파는 1킬로그램에 6,000원짜리 닭가슴살을 셀 수 없이 먹어치웠다. 매 끼니에 닭가슴살을 챙겨 먹었고 때로는 두부도 같이 먹었다. 밥은 평소 먹던 양의 3분의 1 정도를 먹거나 아예 먹지 않았다. 평소에도 먹는 데 진심이 편이라, 반복되는 식단에 금방 질려버렸다. 바나나, 닭가슴살, 달걀은 이제 더 쳐다보고 싶지도 않았는데, 도전이 끝나려면 아직 한참 남았다. 그래, 딱 한 달만 눈 딱 감고 참자.

대신 현대 문명의 힘을 빌리기로 했다. 그것은 바로 유튜브. 예전에는 사람들이 왜 먹방에 환호하는지 전혀 이해가 가지 않았는데, 이제야 알게 되었다. 보다 보니 대리만족이 되어 고통의 시간을 이겨내는 데 꽤 도움이 되었다.

복근 운동과 유산소 운동, 그리고 식단 조절을 동시에 한다는 것은 생각보다 만만치 않았다. 말 그대로 '지난하게' 어려운 수준이었다. 극단적인 식단 때문인지 3주 만에 슬럼프도 찾아왔다. 다이어트를 건강하게 하지 못한 것이다. 몸에 영양분이 제대로 공급되지 않다 보니 운동도 효율이 떨어졌고 감정 기복이 커지면서 자신감도 내려갔다. '이게 내가 성공할 수 있는 일인가' 싶어 다음으로 미룰까 하는 마음도 들었다.

그렇게 의욕을 잠시 잃고 주춤하던 중에 각성제가 된 사건이 생겼다. 당시 아르바이트하던 회사의 동료들과 술자리를 갖게 되었는데, 술을 조금만 마시겠다는 다짐이 무색하게 마음껏 치킨과 술을 먹고 마신 것이다. 집에 돌아오니 제대로 현타가 몰려왔다. 대체 나는 무슨 생각으로 그 치킨을 다 먹었는지, 내가 지금 도전을 진지하게 하는 건 맞는지, 왜 굳이 이 고생을 해가며 복근을 만들려고 하는 건지……. 여러 가지 도전들을 해오면서 처음으로 그만두고 싶다는 생각이 들어 솔직한 마음을 녹화했다.

다음 날, 맑은 정신으로 도전의 목표를 다시 생각해봤다. 나는 완벽한 복근을 '짠' 하고 보여주기 위해 도전하는 게 아니었다. 복근을 만들겠다는 목표를 향해 고군분투하는 과정을 담는 것뿐이었다. 이렇게 생각하고 나니 도전에 완벽하게 성공해야 한다는 부담감이 줄고 마음이 한결 편해졌다. 남은 2주간은 그냥 힘닿는 데까지 해보고 그 결과가 어떻든 재미있게 영상으로 기록해보기로 했다.

이렇게 도전에 대한 부담감을 내려놓으니 신기하게도 더

불이 붙었다. 단백질만 먹던 극단적인 식단에 고구마와 같은 탄수화물을 조금 추가하자 전보다 훨씬 에너지가 생겼고 운동도 처음 시작할 때처럼 활력 있게 해냈다. 여전히 식단을 조절했고 숨이 찰 때까지 뛰었지만 마음은 가벼웠다. 막판 스퍼트를 내기 위해 마지막 며칠 동안은 복근 운동 강도를 높였는데, "짜장면! 김치찌개! 며칠만 있으면 먹을 수 있다!" 하는 기합을 넣어가며 운동하니 복근이 찢어지는 와중에도 즐거웠다. 복근 공개 데드라인을 정해놓고 카운트다운에 돌입했고, 공개 전날에는 복근이 조금이라도 더 선명하게 나오길 바라는 마음으로 단수까지 시도했다. 보디빌더들이 대회 전이나 바디프로필 촬영 전에 하는 방법인데 물을 끊는다는 시도가 마치 이번 도전의 정점을 찍어주는 느낌이었다.

긍정의 마음: 결국 우리는 잘될 것이다

드디어 복근 공개 당일 아침. 헬스장에 가서 인바디를 측정했다.

체중 67킬로그램, 체지방률 13퍼센트.

한 달 동안 체중은 8킬로그램이 줄었고 체지방률은 13퍼센트로 내 몸무게에서 딱 9킬로그램이 나왔다. 그럼 복근은? 눈으로 보기에도 시작할 때보다 선명해졌다. 훨씬 살이 워낙 많이 빠져 얼굴도 해쓱해지고 팔도 얇아졌지만 복근 하나만은 제대로 나왔다. 애초에 목표가 복근이었으니, 이 정도면 성공 아닌가?

원하는 만큼 체지방량이 낮아지지도 않았고 몸이 원래대로 다시 작아진 것 같아 100퍼센트 만족하지는 않았지만 이런 극한의 노력으로 무언가 이루어낸 게 정말 오랜만이었다. 그동안 해왔던 다른 도전과는 또 느낌이 달랐다. 조용한 아침에, 아무도 없는 집에서 혼자 도전 결과를 확인하고 지난 과정을 되돌아보는 시간은 사뭇 진지했다. 마음속에서 무언가 벅차오르는 게 느껴졌다.

한국타잔 채널을 운영하며 독자분들에게 대단하다, 동기부여가 된다는 말을 많이 들었다. 하지만 나 역시 평범한 사람으로서 모든 도전을 즐거운 마음으로 해내지는 못한다. 때로는 당장이라도 포기하고 싶은 마음이 앞서고, 도전하는 중간 유혹에 끌려 넘어질 때도 있다. 그런 날은 스스로가 너무 한심해서 제대로 잠도 오지 않는다.

유독 힘들었던 이번 도전을 끝내며 문득 내가 하는 이런 작은 도전들이 마치 인생과 닮아 있다는 생각이 들었다. 태어나면서부터 우리는 크고 작은 도전을 마주하고 그 과제들을 하나씩 해결하며 인생이라는 큰 도전을 잘 마무리하기 위해 나아간다. 포기하고 싶은 마음, 잘못된 길로 가려는 유혹이 끊이지 않지만 결국 우리는 잘될 것이다. 이번의 경험이 인생이라는 80년짜리 도전에 다시 한번 불을 지핀 것만은 분명하다.

사진첩을 열어 매일 밤 내 몸을 찍은 사진을 모아놓은 폴더를 들여다보았다. 한 장씩 천천히 보면 그 차이가 미미하지만 빠르게 넘겨보면 점점 살이 빠지면서 모습을 드러내는 복근이 확실하게 보인다. 운동에 식단 조절까지 해야 하는 이 지난한 도전을 포기하지 않고 계속할 수 있었던 이유도 목표에 점점 가까워지는 내 모습을 눈으로 확인할 수 있었기 때문이었다.

그렇게 나만의 도전을 완수하고 촬영 장비를 주섬주섬 정리했다. 한 달간의 도전에 대한 보상을 받을 시간이다. 미리 사놓은 김치찌개 재료를 꺼내 가스레인지에 불을 올렸다. 달걀프라이를 네 개 만들고, 스팸 한 통도 통째로 구웠다. 무엇보다 쌀밥을 아주 그냥 고봉밥으로 양껏 그릇에 담았다.

지금까지 내 인생에서 이때보다 맛있었던 김치찌개는 없었고 앞으로도 없을 것이다. 성장이 고될수록 열매는 더욱 달

콤한 법이다. 한 달간의 다이어트 끝에 먹는 김치찌개가 어떤 느낌인지 궁금한가? 바로 한국타잔 채널에서 확인해보길 바란다.

한국타잔의 도전일지

목표	5주 만에 복근 만들기
기간	5주
선정 이유	철저한 자기 관리의 결과물, 복근을 갖고 싶다.
실천 방법	▪ 근력 운동으로 체지방률을 낮추고 복근을 만든다. ▪ 헬스장에 가도 좋지만, 번거롭다면 홈트 영상을 활용해 집에서 해도 된다. ▪ 단기간에 복근을 만들기 위해서는 무엇보다 근육이 풀어지지 않도록 꾸준히 하는 것이 중요하다. 되도록 하루도 빠짐없이 지속하자.
챌린지 키워드	▪ **한계**: 극한 상황으로 나를 밀어붙이는 상황 덕분에 도전에 대한 의지를 다시금 다잡았다. ▪ **성취감**: 끝까지 해냈을 때의 뿌듯함이 매우 컸다.

이런 분들께 추천해요

▪ 극한의 노력으로 최고의 성취감을 얻고 싶다.
▪ 바디프로필을 찍고 싶다.

한국타잔의 도전 꿀팁

▪ 복근 만들기의 핵심은 체지방률을 낮추고 근육량을 늘리는 것이기 때문에 근력 운동과 더불어 유산소 운동, 식단 관리도 병행해야 한다.
▪ 식단 관리가 힘들 때는 먹방 영상을 보며 대리만족하는 게 도움이 됐다.

STEP 3
한국타잔의 슬럼프 극복기

살다 보면 누구에게나 슬럼프가 찾아온다. 나 역시 무모한 계획을 세우거나 도전이 계속될 때, 취업을 준비할 때, 코로나19로 세상과 단절되었을 때 무기력과 함께 슬럼프가 다가왔다. 한동안은 번아웃이 심해 도전을 중단하기도 했다. 이럴 때 다시 나를 일으켜 세워준 방법들을 소개한다.

1. 세상을 탓하기 전에 방부터 정리하라
_ 주변을 깨끗하게 정돈하기

조던 피터슨의 책 《12가지 인생의 법칙》에 등장하는 말이다. 우리의 일상에는 일하고 공부하는 것 말고도 해야 할 일이 많다. 주변이 어지러우면 될 일도 안 되는 법! 머리를 비우고 생각을 정돈하는 일은 다음과 같은 것들이 있다.
① 방 청소하기
② 밀린 빨래 해치우기
③ 배달 음식 대신 요리 해 먹기
④ 설거지 후 아무것도 하지 않기

2. 한 발 멀어져야 비로소 보이는 것이 있다
_ 나를 객관적으로 바라보기

나에게 슬럼프가 찾아온 원인은 취업과 학교생활, 유튜브 운영 등 복합적이었다. 이럴 때 내면으로 파고들기보다 한 발 떨어져 나를 조감하면 정확한 내 모습을 파악할 수 있다. 나를 바라보는 효과적인 방법을 추천한다.
① 나의 장점 찾기: 지금까지 해온 일에서 내 장점이 무엇이었는지 찾아본다.
② 나의 단점 찾기: 다음으로는 무엇이 부족했는지 생각해본다.

③ 감사하기: 단점은 보완하면 된다. 장점은 발전시키면 된다. 두 가지 모두 나에게 있는 고마운 특성임을 이해하자.

3.일상에서 숨 쉴 틈을 만들어보자
_ 건강한 취미생활 찾기

슬럼프가 오면 머릿속에 부정적인 생각이 자리 잡기 마련이다. 이때는 생각의 회로를 다른 곳으로 돌리는 것도 방법이다. 내가 도움받은 몇 가지 취미 활동을 소개한다.

① 운동: 몸을 움직이면 잡념이 사라진다. 꾸준히 하다 보니 나중에는 바디프로필까지 찍게 되었다.

② 독서: 마음이 힘들어지자 저절로 책에 손이 갔다. 독서를 통해 자존감이 회복되었고, 다시 일어날 힘이 생겼다. 특히 도움이 된 책은 《12가지 인생의 법칙》이다.

③ 코딩: 뼛속까지 문과생인 내가 코딩을 쓸 일은 거의 없다. 하지만 쓸모없더라도 새로운 지식을 쌓으면서 일상의 분위기를 환기하고 싶었다.

아무 걱정 없이 편안한 사람은 없다. 모두 각자의 고민과 힘듦을 잘 이겨내길 바란다. 파이팅!

Part 4

[고급]

나의 한계에
도전한다

18

미라클 모닝 실천하기

함께일 때 더 빛을 발하는 도전

진행 기간: 한 달

더 이상 작심삼일은 없다

연말연시만 되면 습관이나 시간 관리에 대한 자기계발 서적들이 종합 베스트셀러 순위에 올라온다. 모두가 한 해를 마무리하며 지난 1년을 되돌아보고 새로운 해에는 좀 더 나은 삶을 위해 특별한 결심을 하기 때문이다. 그중 몇 년째 많은 사람의 사랑을 받는 자기계발서계의 스테디셀러 중 하나가 바로《미라클 모닝》이다.

2006년에 국내에 소개된《미라클 모닝》은 저자인 할 엘로드가 스무 살에 겪은 심각한 교통사고로 6분간 죽음과 마주했던 경험에서 시작되었다. 그는 건강을 회복한 후 매일 아침 6분 동안 하루를 준비하는 시간을 가짐으로써 죽음의 6분을 자신을 살리는 6분으로 바꿨다.

이런 감동적인 이야기에도 나는 여전히 미라클 모닝을 실천하지 못했다. 타고난 게으름 때문이라고 해두자. 그러다 2021년, 올해는 도전해봐도 되지 않을까 생각만 하고 있던 찰나 어머니 책장에서《미라클 모닝》을 발견했다. 어머니는 이미 몇 년 전부터 미라클 모닝을 실천하고 계셨다. 최근에는 김유진 변호사가 쓴 《나의 하루는 새벽 4시 30분에 시작된다》를 읽으시고 곧바로 4시 기상에 도전해 아침 시간을 200퍼센트 활용하신다. 어머니가 그렇게 하시는데 아들이 가만히 있을 수는 없지. 그 자리에서 곧바로 책을 읽어 내려갔다.

미라클 모닝은 단순히 일찍 일어나는 것과는 다르다. 아직 이 책을 읽어보지 못한 독자분들을 위해 간단히 내용을 소개한다(아주 짧게 요약한 내용이므로 꼭 책으로 읽어보시길!).

첫 번째, 침묵

이른 아침 세상이 고요한 시간에, 스트레스를 떠나보내고 간단한 명상으로 삶의 목적을 찾는다.

두 번째, 확언

스스로 정의한 성공을 위해 필요한 생각과 믿음과 행동을 이끌어 내는 확신의 말을 큰 소리로 뱉으면서 잠재의식에 새겨 넣는다.

세 번째, 시각화

내가 꿈꾸는 삶, 목표, 이상적인 하루를 가능한 한 구체적으로 머릿속에 그려본다.

네 번째, 운동

아침에 몸을 움직이는 것은 건강은 물론이고 자신감과 집중력을 높여주며 상쾌한 하루를 선사한다.

다섯 번째, 독서

몸과 정신이 맑아졌으면 독서로 삶의 지혜를 얻는다. 아침 독서는 하루 10페이지면 충분하다. 1년이면 3,650페이지, 200쪽짜리 자기계발서 열여덟 권 분량이다.

여섯 번째, 기록

오늘 하루를 대하는 마음가짐, 머릿속의 아이디어, 감사한 일을 글로 기록한다. 이로써 통찰력을 얻고, 후에 다시 읽어보면서 더 강한 추진력과 위로를 얻는다.

지금까지 유튜브에서 다양한 도전을 하고 '자기계발 유튜버'라는 타이틀도 얻었지만 최근에는 치열하게 살지 않는 것 같다는 갈증이 있었다. 책을 읽다 보니 어쩌면 미라클 모닝이 그 돌파구가 되지 않을까 하는 기대감이 생겼다. 책을 읽었으니 이제 실천할 차례. 한 달 동안 미라클 모닝에 도전하는 모습을 어떤 식으로 담아낼까 고민하다가 문득 구독자들의 댓글이 생각났다.

'다음에는 구독자랑 함께 도전하는 콘텐츠도 해주세요!'

예전에 함께 마라톤을 뛴 적은 있었지만 장기 프로젝트를 같이 진행한 적이 없었다. 어쩌면 이번이 기회다 싶었다. 특히 이런 새로운 루틴은 '지켜봐 주는 사람'이 없으면 꾸준히 실천하기가 어려우므로 여러 사람이 함께한다면 나는 물론 구독자들도 더욱 수월하게 미라클 모닝을 실천할 수 있겠다고 생각했다.

곧바로 미라클 모닝을 인증할 수 있도록 카페를 개설했고 함께할 분들을 모집한다는 영상을 올렸다. 매일 아침 6시에 라이브 방송을 할 테니 자유롭게 들어와서 우리가 '함께' 도전하고 있다는 걸 잊지 말고 인증하며 서로를 격려하자는 내용이었다.

적게는 20명, 많게는 50명 정도가 함께하여 각자의 경험을 나누면 좋겠다고 생각했다. 그런데 이게 웬일인가. 영상을 올린 지 하루 만에 카페 가입자 수는 700명이 넘었다.

'다들 이 정도로 미라클 모닝에 진심이라고……?'

눈을 의심했지만 정말 많은 분이 가입하셨고 도전에 임하는 각자의 각오도 자세히 나눠주셨다. 그러자 나 역시 시작 전부터 가슴이 뛰었고 한편으로는 책임감도 느꼈다. 혼자 도전할 때와는 사뭇 다른 기분이었는데, 어찌 됐건 기분 좋게 미라클 모닝 챌린지를 시작하게 되었다.

✔ **목표: 구독자들과 한 달 동안 미라클 모닝을 실천한다.**

빨리 가려면 혼자, 멀리 가려면 함께

드디어 미라클 모닝 도전 첫날.

6시에 진행하는 라이브를 준비하기 위해 매일 5시 30분에 일어나기로 했다. 아침 일찍 일어난 게 얼마 만인지, 6시와 5시 기상에 도전했던 지난날이 까마득했다. 도전을 시작하자마자 그동안 나태했던 나를 되돌아보게 되었다. 잠을 깨기 위해 양치질을 하고 책상 앞에 앉았다. 그리고 적막 속에서 메모를 하나 남겼다.

모두가 잠든 사이 나는 깨어나 나의 하루를 준비하는 것만으로도 가슴이 벅차오른다.

취업을 하면서 자연스레 일찍 일어나는 생활과는 거리가 멀어졌다. 5분이라도 더 자기 위해 알람을 분 단위로 맞춰놓고 더 이상 누워 있으면 안 될 시간이 되어서야 겨우 몸을 일으켜 급하게 씻고 정신없이 출근했다. 그런데 오랜만에 이렇게 일찍 일어나 보니 왠지 나의 하루가 풍요로워질 것 같다는 생각에 가슴이 벅차올랐다. 왜 그냥 모닝이 아닌 '미라클 모닝'인지 알 것 같았다.

라이브 방송 세팅을 마친 뒤 방송을 시작하기 전에 잠시 명상을 했다. 깊게 호흡하며 마음을 차분하게 가라앉히고 이번 도전도 힘차게 시작해보자고 스스로에게 기운을 불어넣었다. 명상을 마친 후에는 곧바로 시각화에 돌입했다. 내가 꿈꾸는 오늘 하루를 최대한 구체적으로 상상했다.

성공적으로 미라클 모닝 방송을 시작하고

어깨를 편 채 힘차게 출근하고

모든 일에 적극적으로 참여하고

주어진 업무를 빠르게 끝내 칼퇴하고

집으로 돌아와 내일을 준비하는 하루.

눈을 감고 한 장면 한 장면을 상상하니 꼭 이미 그렇게 된 것마냥 자신감이 붙었다. 그리고 다시 눈을 떴을 때는 나를 둘러싼 기운이 달라져 있었다. 에너지가 나에게 집중되며 어떤 일이든 추진력 있게 해낼 수 있을 것 같은 공기를 느꼈달까. 그 상태에서 라이브 시작 버튼을 눌렀다. 카운트다운이 시작되자 심장이 조금씩 빨리 뛰었다.

5, 4, 3, 2, 1.

"여러분 반갑습니다. 한국타잔입니다. 미라클 모닝 챌린지에 오신 것을 환영합니다!"

떨리는 마음을 숨기고 차분하게 방송을 이어나갔다. 그런데 노트북 화면으로 보이는 시청자 수가……

20명…… 40명…… 60명…… 90명…… 120명…… 150명…… 180명…… 200명…….

시작하자마자 200명이 넘는 분들이 방송을 찾아주었다. 카페에 가입한 인원에는 허수가 많을 거라고 생각해 정말 후하게 쳐야 100명 정도 들어오지 않을까 싶었다. 하지만 '그 유튜버에 그 구독자'라고 하지 않는가. 생각에 그치지 않고 실천하는 구독자분들 덕분에 정말 힘차게 도전의 첫 단추를 끼웠다.

방송은 10분 정도 함께 이야기를 나누고 나머지 50분은 각자 미라클 모닝을 실천하는 식으로 진행했다. 나는 이미 명상과 시각화를 했으니 다음으로 확언과 기록을 할 차례였다. 나는 두 가지 단계를 하나로 합쳐 한 달 동안 '확언노트 100번 쓰기'를 진행하기로 했다.

확언노트는 스노우폭스의 대표 김승호 회장이 목표를 달성하는 비법이다. 그는 간절한 목표가 있을 때마다 100일 동안 그 목표를 매일 100번씩 썼고, 그때마다 결국 원하는 바를 이루어냈다고 한다. 나는 연초에 잡았던 '구독자 30만 명 달성'을 조금 더 구체화해 '나는 영향력 있는 30만 유튜버가 된다'라는 문장을 100번 쓰기 시작했다. 이 문장을 쉬지 않고 100번 쓰면 딱 30분이 걸린다. 손이 아프고 지루하기도 했지만 간절히 원하는 목표이기에 100번을 반복하면서 내 잠재의식에 새겨 넣었다.

명상-시각화-확언까지 마치면 오늘 하루를 시작할 준비를 모두 마친 것 같아 가뿐한 기분이 든다. 이제 진지한 시간은 끝났으니 본격적으로 하루를 시작하기에 앞서 몸을 풀어줄 시간이다.

나는 독서와 운동 중에 하나씩을 선택해 실내 자전거를 타거나 소설을 읽었다. 그러면 조금씩 떠오르는 해와 함께 정신도 서서히 맑아졌다.

이렇게 미라클 모닝 루틴을 모두 마친 후에 구독자분들과 마무리 인사를 나누었다. 채팅창에는 '혼자서는 절대 못 했겠지만 함께하는 사람이 있다고 생각하니 자극이 되고 용기가 생겨 미라클 모닝을 시작할 수 있었다'는 글이 수십 개나 올라왔다.

"오늘 함께해주셔서 감사하고 내일 아침에 또 만나요."

마무리 멘트를 하고 성공적으로 첫 번째 미라클 모닝 라이브를 마쳤다.

창밖을 보니 이제 완전히 해가 떴다. 가슴이 뜨거워졌다. 200명이 넘는 사람들과 함께 실천한 미라클 모닝이라니. '빨리 가려면 혼자 가고 멀리 가려면 함께 가라'라는 유명한 아프리카 격언이 생각났다.

출근길 지하철에서 미라클 모닝 카페에 들어가 보니 오늘 방송의 인증사진이 이미 많이 올라와 있었다. 방송을 캡처한 사진, 명상하는 사진, 산책하는 사진, 운동하는 사진 등 각자의 미라클 모닝을 실천한 사진과 함께 댓글로 서로를 응원하는 훈훈한 광경이 펼쳐졌다.

출근해서도 왠지 모르게 활력이 넘쳤다. 버티고 버텨 억지로 몸을 일으키고 회사에 왔을 때와 달리 시각화를 하며 상상했던 모습이 현실로 이루어지고 있는 듯한 기분이 들어 일에 추진력이 붙었다.

퇴근하고 돌아와 11시가 되자 졸음이 쏟아졌다. 평소 자는 시간보다 일렀음에도 희한하게 빨리 자고 내일 아침을 맞이하고 싶다는 생각이 들었다. 늘 아까워하던 퇴근 후 시간조차 아침 시간을 활용하면 된다는 생각에 조금도 아쉽지 않았고 오히려 마음이 여유로워졌다. 다음 날 아침을 기대하며 빨리 잠자리에 들었다.

'함께'의 힘 때문일까, 미라클 모닝은 부담보다는 즐거움이 더 큰 도전이었다. 새벽에 혼자 사투를 벌이는 게 아니라 '오늘은 또 얼마나 많은 분들과 함께 아침을 맞이할까?' 하는 생각에 늘 기분 좋은 긴장감이 따라왔다. 게다가 꼭 평소에 해왔던 습관인 것처럼 큰 어려움도 없었다. 방송을 보는 사람들끼리 피드백을 주고받으며 서로에게 에너지가 되어주어 계속해서 이어갈 수 있었다.

물론 한 달 동안 완벽하게 미라클 모닝을 실천한 것은 아니다. 9일 차 아침, 알람 소리가 울리지 않았는데도 눈이 떠졌다. 5시 30분이 되기 전에 눈이 떠졌다면 참 좋았겠지만……. 어쩐지 푹 자고 난 후의 개운한 느낌이 찝찝했다. 왜 항상 불안한 예감은 틀리지 않는 걸까.

6시 10분.

평소보다 40분이나 늦게 일어났다. 거의 발작 수준으로 침대에서 뛰쳐나와 곧바로 후드티를 입고 모자를 뒤집어쓴 다음 라이브를 켰다. 전날 남겨놓은 라이브 영상 예고에 나를 찾는 댓글이 우르르 달려 있었다. 그 와중에 미라클 모닝 카페에는 이미 하루를 시작하신 분들이 방송을 기다리며 인증한 사진도 속속 올라오고 있었다.

구독자분들께 거듭해서 죄송하다고 이야기하자 괜찮다며 오히려 나를 위로하는 채팅이 올라왔다. 혼자라면 나를 탓할 사람도, 응원할 사람도 없었을 텐데…… 이날 더 큰 힘을 받고

정신을 더 바짝 차려 나머지 기간 동안은 별 문제 없이 무사히
한 달을 마무리했다.

혼자가 아니라서 만들어낸 기적 같은 한 달

명상, 확언, 시각화와 같은 행동들은 익숙하지 않았기 때문에
한 달 만에 완벽하게 습관으로 자리 잡진 못했다. 그래도 계속
해서 여섯 가지 중 단 하나라도 실천하려고 노력했다. 늦게 일
어난 날에는 30초라도 책상 앞에 앉아 잠시 숨을 고르며 '오늘
도 최고의 하루가 펼쳐질 거야'라고 스스로에게 속삭였다. 그
것마저 여의치 않은 날에는 샤워하면서 주문을 외웠다. 찬물과
미지근한 물의 중간 정도 되는 온도의 물을 맞으면서 '나는 오
늘 내게 주어진 일들을 완벽하게 해낸다!', '나는 못할 것이 없
다!', '나는 오늘 칼퇴한다!'라고 외치면 정신이 번쩍 깨면서 기
분까지 좋아지는 효과를 만끽할 수 있다.

여섯 가지 중 겨우 하나만 실천하고서 미라클 모닝이라 하
기에는 너무 관대한 것 아니냐고? 또 다른 자기계발서의 교과
서인 《타이탄의 도구들》에는 '타이탄'들이 승리하는 아침을 만

들기 위해 실천하는 다섯 가지 의식을 소개한다. 잠자리 정리, 명상, 한 동작 반복하기, 따뜻한 차 마시기, 아침 일기 쓰기가 그것이다. 그런데 타이탄들 역시 이 다섯 가지를 모두 행하는 게 쉽지 않다고 말한다. 중요한 것은 매일 최소한 한 가지 이상이라도 꾸준히 이어가는 것이다.

미라클 모닝을 실천한 한 달 동안에는 일상에 활력과 여유가 넘쳤다. 허겁지겁 하루를 시작하는 것과 여유롭게 일어나 하루를 준비하는 것은 단순히 시간을 더 확보했다는 사실 이상으로 차이가 컸다. 불안했던 하루는 자신감으로 가득 찼고 피로보다는 에너지가 느껴졌다.

나는 책에서 제시하는 대로 살아보기 위해 이른 시간에 일어나 미라클 모닝을 실천했지만, 만약 그렇게까지 하기에는 너무 난이도가 높다면 평소보다 조금만 일찍 일어나 딱 10분만 시간을 내보자. 그것만으로도 미라클 모닝에서 제시하는 여섯 가지 일을 모두 할 수 있다. 그 시간이 우리의 하루를 바꿔준다는데, 시도하지 않을 이유가 없지 않은가? 게다가 그런 하루하루가 모이면 우리도 모르는 사이 삶이 예상치 못한 모습으로 멋지게 변화되어 있지 않을까? 나 역시 완벽하지는 않았지만 시도해보았기 때문에 방법을 터득할 수 있었고, 이제 꾸준히 하는 일만 남았다.

기적의 아침을 경험하게 해준 저자 할 엘로드에게 감사 인사를 전한다. 그리고 무엇보다 지루한 장기 프로젝트를 기꺼운 마음으로 함께 해준 구독자 분들께 진심을 다해 감사하다고 말씀드리고 싶다.

한국타잔의 도전일지

목표	미라클 모닝 실천하기
기간	한 달
선정 이유	말로만 듣던 미라클 모닝을 직접 실천하고 기적을 경험하고 싶어서
실천 방법	▪ 이 도전은 할 엘로드의 저서 《미라클 모닝》을 기반으로 진행된 것이다. 되도록 도전을 시작하기 전 책을 완독할 것을 추천한다. ▪ 기상 시간을 정하고(주로 6시에 일어나지만, 상황에 따라 조정해도 괜찮다) 일어난 후에는 침묵-확언-시각화-운동-독서의 루틴을 반복한다. ▪ 다섯 가지를 모두 하거나 한두 가지만 선택해도 좋다. 중요한 것은 꾸준히 하는 것이다.
챌린지 키워드	▪ **루틴**: 하루를 시작하는 작은 의식이 생겼다. ▪ **기적**: 사소한 매일이 모이면 기적 같은 인생이 될 수 있다. ▪ **함께**: 함께 걸어야 멀리 갈 수 있음을 깨달았다.

이런 분들께 추천해요

▪ 하루를 자신감 넘치게 시작하고 싶다.
▪ 일과를 시작하기 전 온전히 나만의 시간을 갖고 싶다.

한국타잔의 도전 꿀팁

▪ 미라클 모닝에 실패했던 사람이라면 누군가와 함께 실천해보자. 서로 독려하고 인증 사진을 공유하다 보면 확실한 동기부여를 얻을 수 있다.
▪ 명상하기, 확언 노트 쓰기, 따뜻한 물 한 잔 마시기 등 자신만의 루틴을 만들면 도움이 된다.

19

턱걸이 열 개에 도전하기

목표를 정해 자신의 한계를 끌어올리는 방법

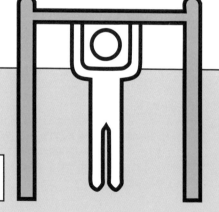

진행 기간: 73일

5초 매달리기에서 턱걸이 열 개까지

남자는 등으로 말한다. 적어도 나에게는 그랬다. 의경으로 군 복무를 하던 시절, 내무반 복도 중앙에는 투박한 철봉이 하나 있었는데 저녁 시간만 되면 그곳에서 선임들의 힘 자랑이 벌 어졌다. 다들 어찌나 몸이 좋던지, 웃통을 벗고 턱걸이를 하는 걸 보고 있으면 등에서 용이 꿈틀거리는 것 같았다.

그러다 한번은 친하게 지내던 체대 출신의 선임이 나에게 턱걸이를 시켰다. 한 번도 해본 적은 없지만 그 선임이 20개는 성공하니 나는 다섯 개쯤은 하지 않을까 싶었다. 그런데 이게 뭐람? 살짝 점프해 철봉을 잡고 몸통을 끌어당기는데 몸이 꿈 쩍도 하지 않았다. 어떤 근육을 써야 하는지 감조차 오지 않았 다. 그렇게 5초 정도를 낑낑대다 힘없이 철봉을 놓았다. 그렇 게 태어나서 처음으로 내가 턱걸이를 못 하는 사람이라는 것 을 알게 되었다.

제대 후 운동에 관심이 생겨 헬스를 등록했다. 마른 몸을 키우기 위해 운동법에 대한 영상들도 찾아보다 보니 프레임,

즉 몸의 골격을 키우려면 등을 넓혀야 하고 그러기에는 턱걸이만큼 좋은 운동이 없다고 했다. 하지만 헬스장에 있는 철봉은 이미 태평양 어깨를 가진 형님들이 세를 내고 있었다.

억울했지만 결국 치닝디핑을 사기로 마음먹었다. '고민은 배달만 늦출 뿐'이란 말도 있지 않은가. '고민은 턱걸이만 늦출 뿐'이라는 생각에 바로 질러버렸다. 안 그래도 좁은 집에 커다란 운동기구가 들어오는 것이 부담스러웠지만 턱걸이를 마스터해서 치닝디핑은 갖다 버리고 기필코 헬스장에서 눈치 보지 않고 운동하리라는 마음가짐으로 결제 버튼을 눌렀다.

> ✔ **목표: 턱걸이 하나도 못 하는 나,**
> **턱걸이 열 개에 도전한다.**

상승과 하락을 반복하는 우상향 그래프

얼마 걸리지 않아 치닝디핑이 도착했다. 현관 앞에 배송된 박스를 방에 넣는 것만으로도 벌써 몸짱이 된 것 같아 뿌듯했다. 설명서를 보며 조립하고 나니 턱걸이에 대한 열망이 더욱 불타올랐다. 특히나 운동에 대한 목표를 세우고 이렇게 과감하게 투자한 것은 처음이었다(기구 값은 6만 원 정도로 큰돈은 아니었지만 당시 대학생이었던 나에게는 꽤 과감한 결정이었다).

우선은 매달리기부터 시작했다. 본격적으로 턱걸이를 하려면 전완근에 어느 정도 힘이 있어서 1분 정도는 매달릴 수 있어야 한다. 그렇게 시도해본 첫날 매달리기는 42초. '생각보다 1분은 금방 할 수 있겠는데?'라고 생각하며 한 번 더 시도해보려는데, 철봉을 잡는 순간 손을 놓았다. 전완근이 찢어질 것 같은 느낌이 들면서 더 이상 힘이 들어가지 않았다. 아, 이번 도전 역시 만만치 않겠다는 생각이 들었다.

다음 날 아침에 일어나 손을 살짝 오므려보자 전완근이 찌릿찌릿했다. 턱걸이 열 개라는 긴 여정에 꼭 필요한 감각이라 생각하니 아프기보다는 짜릿했다. 그 고통을 즐기며 두 번째 날도 매달리기를 이어갔다.

셋째 날부터는 욕심을 내어 네거티브 훈련에 들어갔다. 네거티브 훈련이란 다리의 반동으로 몸을 끌어당겼다가 등의 힘으로 서서히 버티며 내려오는 것이다. 언뜻 쉬워 보이지만 이제는 전완근에 이어 광배근도 찢어질 것 같았다. 몇 회를 반복해야 하는지 알려주는 사람이 없었기에 힘이 빠질 때까지 무식하게 계속 이어갔다. 다섯 개 정도를 했을까, 거짓말 하나 안

보태고 팔에 힘이 조금도 안 들어갔다. 심지어 펜도 잡을 수 없을 만큼 손이 떨려 한동안 가만히 누워만 있었다.

그리고 넷째 날. 전완근에 느껴지는 통증의 강도가 많이 낮아졌다. 네거티브 훈련을 해보니 턱걸이 하나 정도는 할 수 있을 것 같았다. 그렇게 '그냥 시도나 해보자'라는 마음으로 철봉을 잡았다. 그리고 힘껏 팔을 당겼는데…… 어라? 몸이 올라간다. 첫 턱걸이에 성공한 것이다. 내친김에 하나 더 시도해보니 바들바들 떨긴 했지만 또 성공이었다.

"오, 된다."

목표인 열 개 중에 벌써 두 개. 이대로라면 금방 치닝디핑을 처분하고 헬스장으로 돌아갈 수 있을 것 같았다.

당시 턱걸이를 밥 먹듯이 하던 친구에게 이 소식을 알리자 굉장히 빠른 속도라며 칭찬을 들었다. 아무래도 헬스를 다니면서 바벨로우, 랫풀다운과 같은 기구로 등 운동을 해왔기 때문에 금세 감을 잡은 것 같다고 이야기해줬다(이 때문에 일부러 턱걸이를 못 하는 척한 것 아니냐는 의혹의 댓글도 많이 달렸다). 이렇게 첫 턱걸이를 성공하고 나니 도전에 추진력이 붙었다.

하지만 턱걸이는 푸시업이나 윗몸일으키기처럼 오늘 두

개 했다고 내일 세 개가 되는 운동이 아니었다. 세 개까진 금방 도달했지만 네 개를 달성하는 데는 또 한참이 걸렸다. 컨디션에 따라 어떤 날에는 두 개도 제대로 못 한 채 물러나야 했다. 계단식 그래프가 아니라 주식 차트처럼 상한가와 하한가를 반복하며 점점 우상향 곡선을 그려갔다.

내가 할 수 있는 건 목표 상한가인 열 개를 달성할 때까지 조금씩 늘려가는 방법뿐이었다. 하루 종일 힘을 아껴놨다가 온 힘을 다해 턱걸이를 하고, 이후에는 힘이 빠질 때까지 네거티브 훈련을 했다. 그렇게 2주를 쉬지 않고 훈련하자 다섯 개까지는 기복 없이 가능해졌고 3주 차에는 여섯 개까지 늘어났다.

이때 박차를 가했으면 좋았으련만, 이번에도 어김없이 위기가 찾아왔다. 설 연휴에 고향에 내려가는 바람에 며칠간 운동을 쉬게 된 것이다. 원래는 동네 놀이터라도 가려고 했지만, 선뜻 몸이 움직이지 않아 포기. 게다가 연휴 직후에는 친구와 싱가포르로 여행을 가게 되어 일주일 정도 또 손을 놓았다.

그렇게 2주간의 휴식을 끝내고 집에 돌아와 덩그러니 놓여 있는 치닝디핑을 보니 덜컥 겁이 났다. '다시 하나도 못 하면 어떡하지?' 지금까지의 노력이 물거품이 될까 두려웠다. 떨리는 마음으로 철봉을 잡았는데, 웬걸? 생각보다 몸이 가볍게 올라갔다. 꽤 오래 쉬었는데도 네댓 개는 거뜬히 해냈다. 4주 가까이 매일 훈련했더니 그새 몸이 기억했던 모양이었다.

다행스러운 마음을 안고 41일 차부터는 초심으로 돌아갔다. 역시 잘될 때도, 안 될 때도 있었지만 턱걸이 개수는 점점 10에 가까워졌다. 일곱 개, 여덟 개, 아홉 개⋯⋯ 시간이 걸릴 뿐 점점 목표와 가까워지자 더욱 자신감이 붙었다.

어느 날, 왠지 열 개를 성공할 수 있을 것 같은 기분이 들어 카메라를 세팅했다. 떨리는 마음으로 팔을 뻗어 단단히 그립을 잡았다. 올림픽 출전 선수처럼 숨을 크게 내쉬고 정신을 집중했다. 그리고 온 힘을 다해 가슴을 철봉 쪽으로 끌어올렸다.

1, 2, 3, 4, 5, 6, 7, 8, 9.

아홉 개까진 전에도 성공한 적이 있었다. 이제 마지막 하나면 된다. 손에 힘이 풀릴 듯 말 듯했지만 다시 한번 정신을 부여잡고 있는 힘껏 몸을 잡아당겼다.

"끄아아아아아아앍."

열 개.

도전을 시작한 지 73일째, 그토록 원하던 턱걸이 열 개를 성공했다(치닝디핑은 곧바로 해체해 보란 듯이 친구에게 주었다).

나를 다시 일으켜 세우는 목표의 힘

지금까지 했던 도전은 기간을 정하고 새로운 습관에 도전해 그 기간 안에 변화된 나의 모습을 찾는 것이었다. 그런데 이번에는 달랐다. 기간 대신 수치를 목표로 정하고 될 때까지 해보자는 마음으로 시도했다. 기간을 목표로 잡았을 때는 언제 끝나는지 알기 때문에 중간에 힘들더라도 잘 이겨냈지만, 이번에는 언제 끝날지 몰라 불안한 마음이 들 때도 있었다. 성공에 73일이나 걸렸다는 것도 영상을 편집하면서 알게 되었다.

그래도 도전하는 동안 오로지 10이라는 숫자에만 집중하면서 '어제보다 하나만 더 해보자'는 생각으로 매번 광배근에 힘을 끌어모았다. 기간이 얼마나 걸릴지는 생각하지 않았다. 그러다 보니 점점 근육에 힘이 붙어 요령을 익히고 목표한 바를 달성했다.

만약 '턱걸이 열 개'라는 목표가 없었더라면 어땠을까? 막연히 '턱걸이 잘하고 싶다'라는 생각에 그쳤더라면 이렇게까지 할 수 있었을까? 아마 치닝디핑을 사지도 않고, 샀다 하더라도 금방 옷걸이로 썼을 것이다. 중간에 2주를 쉬었을 때는 도전이 물 건너갔다고 생각했다. 그냥 지금까지 찍은 영상들로 '턱걸이 도전 브이로그'나 만들자 싶기도 했다. 그런데 그때 나를 움직인 게 바로 이 목표였다. 명확한 목표가 아직 남아 있었기에 두려운 마음을 안고서도 다시 이어나갈 수 있었다.

우리 몸에는 신기하게도 관성이 있다. 무언가를 며칠, 몇 주, 몇 달을 반복하면 잠깐 그 일을 손에서 놓더라도 금세 다시 원래대로 돌아온다. '에이 이번 영상 망했네' 하면서도 다시 턱걸이를 시도했을 때 다섯 개는 거뜬히 해냈다. 포기하고 그만두려는 순간이었지만 막상 해보니 아무 문제 없이 해낼 수 있었고, 다시 자신감이 붙어 결국 끝까지 도전을 이어나갔다.

심리학 용어 중에 역경과 실패에 굴복하지 않고 다시 도약하려는 속성을 뜻하는 '회복탄력성'이라는 말이 있는데, 나는 이것이 우리 몸에도 적용된다고 생각한다. 내 몸과 마음이 목표를 달성하도록 작은 시련은 금세 극복할 힘을 준 것이다.

변화하고 싶다면 그게 무엇이 되었든 구체적이고 뚜렷한 목표를 세우자. '잘', '열심히'가 아니라 객관적으로 측정할 수 있는 아주 구체적인 목표 말이다. 그리고 목표가 세워졌다면 오로지 그것만을 보고 달려가자. 설령 예상치 못한 어떤 상황들이 길을 가로막더라도 잠시 쉬어갈 뿐 포기하진 말자. 우리는 생각보다 강하다.

한국타잔의 도전일지

목표	턱걸이 열 개에 도전하기
기간	73일
선정 이유	'내가 할 수 없는 영역'에 뜨거운 도전 정신을 느꼈다.
실천 방법	▪ 기간이 얼마가 걸리든 상관없이 열 개에 성공할 때까지 매일 턱걸이를 연습한다. ▪ 장소는 자신이 편하게 할 수 있는 곳이라면 어디든 좋지만, 시간에 구애받지 않으려면 치닝디핑을 사는 것도 방법이다.
챌린지 키워드	▪ **회복탄력성**: 같은 일을 반복하면 몸이 기억하게 된다. ▪ **목표**: 정확한 수치로 정한 목표는 동기부여가 될 수 있다.

이런 분들께 추천해요

▪ 헬스장에서 눈치 보지 않고 철봉을 사용하고 싶다.
▪ 나의 한계를 넘어서는 도전을 해보고 싶다.

한국타잔의 도전 꿀팁

▪ 막연히 '턱걸이를 잘하고 싶다'는 목표보다 '턱걸이 열 개를 하겠다'처럼 명확한 목표를 세우는 것이 좋다.
▪ 얼마간 운동을 쉬었다고 하더라도 몸은 기억하고 있다. 좌절하지 말고 다시 시작하자.

20

일주일 동안
1일 1독 하기

세상에서 가장 가성비 좋은 자기계발

진행 기간: 일주일

우리나라 성인 평균 독서량을 일주일 만에

독서가 삶을 얼마나 긍정적으로 바꿔줄 수 있는지는 말해봐야 입이 아플 정도다. 그래서 우리나라 성인의 1년 평균 독서량이 얼마냐면, 무려…… 여섯 권이다. 2019년에 조사한 내용이니 지금은 더 떨어졌을지도 모르겠다. 게다가 성인 중 1년에 책을 한 권이라도 읽는 사람은 열 명 중 불과 네 명뿐이라니, 독서 실태가 얼마나 심각한 수준인지 알 만하다(그래도 이 책을 읽는 분들은 적어도 한 권은 읽은 셈이다).

나라고 다르지 않았다. 매년 새해 목표로 '독서 몇 권 하기'를 다짐하지만 지금까지 한 번도 달성한 적이 없었고, 스스로 독서량이 부족한 걸 잘 알고 있었다. 독서에 딸려오는 장점도 잘 알고 경험해본 적도 있으면서 왜 책만 읽으려고 하면 잠이 오는지. 심지어 이 도전을 한 해에는 25권을 읽겠다고 리스트까지 작성했는데 3개월 동안 읽은 책은 무려…… 0권이었다.

유튜브를 시작한 지 1년쯤 되어 구독자 수가 600명 정도일 때, 구독자들에게 어떤 도전을 하면 좋을지 추천을 받았다.

그때 다섯 명이 공통적으로 '1일 1독 챌린지'를 추천해주셨다.

독서와 거리가 먼 나의 삶을 반성하고 책과 친해져보고자 이 제안을 받아들였고 곧바로 일주일 1일 1독에 돌입했다. 사 놓고 읽지 않은 책 몇 권을 꺼냈고 학교 도서관에서도 관심 있 는 책들을 빌렸다. 폭넓은 독서를 하기 위해 소설, 경제, 재테 크, 자기계발서, 전공 서적 등 분야는 다양하게 구성했다.

매일 한 권을 읽는다는 게 부담이었지만, 나의 한계를 넘 어보는 새로운 도전이었기에 설레기도 했다. 무조건 하루에 한 권은 다 읽고 자겠다고 다짐하며 도전이 시작되었다.

✔ 목표: 일주일 동안 하루에 한 권씩 책을 읽는다.

단기간에 몰입해 진입 장벽을 허물다

1일 1독의 시작을 알린 책은 《마흔에 읽는 손자병법》이었다. 예전부터 읽어보고 싶었는데 어렵다는 이유로 시도를 못 했었 다. 첫 책으로는 조금 버거우려나 싶었지만 일단 뽑아 들었으 니 어떻게든 읽기로 했다.

출근하는 버스에 앉아 첫 장을 펼쳤다. 회사까지는 30분 남짓 걸리는 시간이라 집중해서 책을 읽기에 충분했다. 점심 식사 후에는 자리로 돌아와 책을 읽었다. 졸음이 쏟아졌지만 하루 만에 이 두꺼운 책을 읽으려면 모든 짬을 다 써야 했다. 퇴근길 지하철에서도, 집에 도착해서도 책만 읽었다. 그리고…… 잠들어버렸다.

깨어보니 밤 11시였다. 아직 3분의 1이나 남아서 서둘러야 했다. 그래도 잠깐 잔 덕분에 정신이 맑아져 집중해서 나머지를 읽어 내려갔다. 마지막 장을 덮고 시계를 보니 새벽 2시 21분. 그렇게 도전 첫 책이자 올해 첫 책을 끝냈다.

DAY 1

《마흔에 읽는 손자병법》(강상구, 흐름출판, 2011)
– 새벽 2시 21분에 독서 완료.

두 번째로 읽을 책은 재테크서 《4개의 통장》. 어김없이 출근길과 점심시간에 책을 읽었다(그리고 어김없이 졸음이 쏟아졌다). 귀가하는 지하철에서도, 집에 도착해서도 독서를 했다. 첫

날 큰 산을 넘어서인지 두 번째 책은 아주 수월하게 읽었다. 사회 초년생이 읽으면 좋을 재테크서라 이해하기 어려운 내용도 없었다.

연초에 세웠던 한 달에 최소 두 권은 읽자는 목표는 이틀 만에 달성했다. 마음만 먹으면 하루에 한 권씩도 읽을 수 있는데, 왜 그동안 책 읽을 생각조차 하지 않았을까. 어쩐지 조금 머쓱해졌다. 이틀 연속 책을 해치워 버리니 독서에 대한 부담감이 점점 줄어들었다.

DAY 2

《4개의 통장》(고경호, 다산북스, 2018)
- 이틀 연속 완독.

세 번째 책은 소설집 《오직 두 사람》을 골랐다. 단편 소설집이라 빠르게 몰입했고 읽는 속도도 더 붙었다. 저녁을 준비하며 밥이 되는 동안에도, 저녁에 팩을 하면서도 책을 읽었다. 그렇게 살면서 처음으로 3일 연속 완독하는 기적을 맛보았다.

《오직 두 사람》(김영하, 문학동네, 2017)
– 3일 연속 완독 성공!

4일째, 고비가 찾아왔다. 평소 광고에 관심이 많았기에 전공서지만 재밌을 것 같아《광고기획론》을 선택했다. 이날은 출근하지 않는 날이어서 지난 3일보다 여유롭게 천천히 책을 읽어나갔다. 틈틈이 영상 편집도 하고 평화로운 시간을 보내고 있는데 저녁에 친구에게 같이 저녁이나 먹자며 연락이 왔다. 그 정도는 괜찮겠지 싶어 읽던 책을 챙겨 약속 장소로 나갔다.

그러나 결국 술자리로 이어진 만남 때문에 책은 더 이상 읽지 못한 채 잠들었다. 하루에 한 권을 다 읽지 못한 것은 물론 평소보다 시간적 여유가 많았는데도 목표를 달성하지 못해 너무 아쉬웠다. 3일 동안 잘 해왔기 때문에 그 아쉬움은 몇 배나 컸다. 그래도 책과 조금씩 친해지고 있는 내 모습에 위안 삼으며 5일 차에는 어제 읽지 못한《광고기획론》을 마저 읽었다.

《광고기획론》(신강균, 한경사, 2017)
- 이틀에 걸쳐 독서 완료.
시간적 여유가 많았는데도 1일 1독을 하지 못해 아쉬움이 크다.

토요일인 6일 차, 다섯 번째 책으로는 경제경영서를 읽기로 했다. 이날도 출근을 하지 않았는데, 이상하게 출근하는 날보다 책 읽는 속도가 더 더뎠다. 저녁이 되어서까지 고작 100페이지도 채우지 못했다. 핑계를 대자면 느지막이 일어나 낮에 책을 읽으려고 책상 앞에 앉았다가 카톡이 와서 휴대폰을 들었고, 자연스럽게 책은 무릎에 올려둔 채 인스타그램, 유튜브, 넷플릭스를 탐험한 게 이유였다.

정신을 차려보니 시간이 훌쩍 지났고 다시 자세를 바로 하고 앉았지만, 저녁을 먹고 씻으니 이미 하루가 끝나가고 있었다. 집에 있을 때는 핸드폰에 빼앗기는 시간이 너무 많았다. 책을 읽는 것보다 핸드폰을 멀리하는 게 훨씬 더 어려웠다. 콘텐츠가 차고 넘쳐 너무 볼 게 많으니 항상 핸드폰에 손이 가는 것같았다.

《한 권으로 정리하는 4차 산업혁명》(최진기, 이지퍼블리싱, 2018)
– 독서 중.
유난히 읽는 속도가 붙지 않는 하루였다.

7일 차, 핸드폰과 잠시 이별하고 일요일 하루를 독서로 가득 채워보기로 했다. 그야말로 아침부터 '폭풍 독서'를 했다. 웃기게도 내가 책을 읽는 동안 핸드폰 알람은 단 하나도 오지 않았다. 그러니까 그동안 불필요하게 습관적으로 핸드폰을 만지작거린 것이다(습관적으로 책을 만지작거리면 얼마나 좋았을까).

핸드폰을 멀리한 덕분에 금세 《한 권으로 정리하는 4차 산업혁명》을 끝냈다. 잠시 쉬다가 오후부터는 여섯 번째 책인 《장하준의 경제학 강의》를 읽었다. 구매한 지는 오래되었지만 내용이 쉽지 않아서 항상 중간에 포기했다. 지금 아니면 평생 못 읽을 수도 있겠다는 생각에 본격적으로 밑줄까지 쳐가며 읽었다. 이해가 되면 되는 대로, 안 되면 안 되는 대로 부담 없이 읽어나가니 숙원 사업처럼 느껴지던 이 책도 끝낼 수 있었다.

《장하준의 경제학 강의》(장하준, 부키, 2014)
- 《한 권으로 정리하는 4차 산업혁명》 독서 완료.
- 이어서 《장하준의 경제학 강의》까지 총 두 권 독서 완료.

8일 차, 마지막으로는 머리를 식힐 겸 고전소설을 골랐다. 역시나 전날 어려운 책을 읽어서 그런지 아주 술술 읽혔다. 누가 보면 평소에 책을 즐겨보는 사람처럼 편안하고 가볍게 속도가 붙었다. 어릴 적 부모님 서재에 투박하게 꽂혀 있는 것을 보고 그대로 넘겼던 《오만과 편견》도 몇십 년이 지나서야 끝을 맺었다.

《오만과 편견1, 2》(제인 오스틴, 김유미 역, 더클래식, 2019)
- 독서 완료.
- 8일 동안 총 일곱 권 완독.

8일 만에 일곱 권, 1일 0.875독이지만, 아마 내 인생에 다시 없을 대기록이 될 것 같다. 1년에 25권을 읽겠다는 목표도 일주일 만에 3분의 1이나 달성했다. 책을 읽느라 다른 일에는 소홀했기 때문에 조금 무리했나 싶으면서도 일주일쯤은 충분히 해볼 만한 도전이었다 싶다.

자투리 시간으로 내 삶에 투자하는 방법

그동안 마음속에 이 책 저 책 점찍어 두기만 하고 읽지 않다 보니 독서에 대한 부담감이 컸다. 하지만 이렇게 잠시나마 책에 빠져 읽는 일에 익숙해지자 어떤 책이든 쉽게 읽을 수 있을 것 같았다. 물론 단 일주일의 도전으로 독서 습관이 완전히 자리 잡혔다든가 삶이 180도 달라진다든가 하는 기적 같은 일은 일어나지 않았다. 중요한 건 독서에 완전히 몰입해본 경험이고 이로 인해 독서와 나 사이에 높게 쌓여 있던 장벽을 조금이나마 허물게 되었다는 사실이다. 독서뿐만이 아니다. 지금까지 어느 도전이든 온 신경을 집중해 몰입하다 보면 어느새 이전과는 달리 질적으로 성장한 나를 느낄 수 있었다.

지금까지 어느 도전이든 온 신경을 집중해 몰입하다 보면

어느새 이전과는 달리 질적으로 성장한 나를 느낄 수 있었다.

아직 책과 연애하는 수준까진 아니지만, 이번 도전으로 썸을 타는 정도까지는 발전하지 않았나 싶다. 서점이 보이면 괜히 들어가고 싶고, 생각이 없다가도 책을 훑어보다 보면 꼭 한 권 정도는 손에 쥐고 나오게 된다. 오랜 시간 자취를 하다 보니 공간 문제로 방에 책을 많이 두지 않았는데, 지금은 선반 위에 꽤 많은 책이 쌓였다(비록 다 읽지 못한 책이 많지만). 또 가벼운 에세이를 전자책으로 구매해 핸드폰으로 틈틈이 가벼운 에세이도 읽으면서 연간 독서 목표를 50권으로 상향 조정해 열심히 마음의 양식을 쌓고 있다.

얼마 전 뉴스에서 흥미로운 연구 결과를 보게 되었다. 사람들이 자주 하는 취미 활동 중 스트레스 해소에 가장 도움이 되는 활동이 독서라는 것이다. 영국 서섹스대학교 연구팀에 따르면 하루에 6분 독서하면 스트레스가 68퍼센트 줄어들고 심박수가 낮아져 긴장감이 완화된다고 한다. 그다음으로 효과적인 활동은 음악 감상, 커피 마시기로 나타났다. 그러니까 음악을 켜놓고 커피를 마시며 독서를 하면 스트레스가 현저하게 줄어들 수 있다는 말이다. 독서로 스트레스도 줄고, 자기계발도 하고, 나아가 인생까지 바뀔 수 있다면 안 할 이유가 없지 않을까?

이제 나는 책을 읽는 것을 넘어 책을 쓰는 경지에까지 이

르렀다. 아무리 생각해도 도전하길 잘했다는 생각이 든다. 이 도전을 추천해주신 다섯 명의 구독자분들께 다시 한 번 감사드린다.

그동안 책과 친하지 않았다면 과감하게 1일 1독에 도전해보면 어떨까? 시작은 가벼운 에세이나 소설로 시작해보자. 나는 하필 《마흔에 읽는 손자병법》을 첫 책으로 골라 첫날부터 고생했지만, 두께나 내용 면에서 가벼운 책으로 접근했더라면 더욱 빠르게 독서에 빠질 수 있었을 것 같다. 또 서점에서 소중히 모셔왔지만, 책장에서 첫 챕터도 끝내지 못한 채 방치된 책이 있다면 다시 손길을 내밀어 그 책에게 진가를 발휘할 기회를 주자.

흔히 독서는 가장 적은 노력을 투입해서 가장 많은 이익을 낼 수 있는 최고의 투자라고 한다. 쉽게 말해 가성비가 훌륭한 취미 활동인 셈이다. 일주일, 아니 하루만이라도 휴대폰을 멀리하고 독서에 투자해 몰입의 즐거움과 동시에 삶의 지혜를 쌓아 나가보자.

한국타잔의 도전일지

목표	일주일 동안 1일 1독 하기
기간	일주일
선정 이유	독서와 거리가 먼 나의 삶을 반성하기 위해서
실천 방법	▪ 하루에 책을 한 권씩 읽는다. ▪ 지루하지 않도록 분야는 다양하게 구성한다. ▪ 하루에 한 권을 읽기 위해서는 틈틈이 읽을 시간을 확보하는 것이 좋으므로 전자책을 읽는 것도 방법이다.
챌린지 키워드	▪ **독서**: 독서는 만고불변의 가장 좋은 자기계발이다. ▪ **시야**: 평소 접하지 않았던 글을 읽어 시야가 넓어졌다. ▪ **투자**: 삶을 위한 가성비가 가장 좋은 투자법이다.

이런 분들께 추천해요

▪ 책과 단기간에 찐하게(?) 친해지고 싶다.
▪ 무언가에 완전히 몰입해 한 단계 성장해보고 싶다.

한국타잔의 도전 꿀팁

▪ 도전 초기에는 두께나 내용 면에서 가벼운 책으로 접근하는 것이 좋다.
▪ 하루에 한 권을 완독하지 못했다고 도전을 포기하기보다 마음을 다잡고 다음 날 두 권을 읽을 수 있도록 페이스 조절을 하는 것이 좋다.

21

12킬로미터
마라톤 완주하기

오르고 내리며 인생을 간접 경험하는 방법

진행 기간: 3주

내 인생의 첫 번째 마라톤

내 영상에 '밥생각'이라는 이름으로 자주 나타나는 친구 모임이 있다. 나를 포함해 총 네 명인데, 같은 고등학교를 졸업하고 모두 서울로 대학을 오면서 절친이 되었다. 그중 '이부장님'(유튜브 초창기부터 여러 방면으로 많은 도움을 줘서 부장이라는 직함을 달아줬다)이라고 불리는 친구가 어느 날 갑자기 단체 톡방에서 흥미로운 제안을 했다.

"한국타잔님, 마라톤 도전 한번 하셔야죠?"

마라톤이라……. 단거리 달리기라면 자신 있지만 장거리 달리기는 생각만 해도 지루해서 제대로 해본 적이 없었다. 그래도 기껏 새로운 도전을 제안해줬는데 대놓고 싫다고 말할 순 없어서 일단 적당히 둘러댔다.

"마라톤? 풀코스?"

"아니, 풀코스는 무슨. 이번에 네 명이 팀으로 뛰는 12킬로미터 마라톤 행사가 있다고 해서 다 같이 해보자고."

"12킬로미터면 해볼 만하겠는데?"

"그렇다니까. 내가 작년에 처음으로 10킬로미터를 뛰어봤는데 진짜 쾌감이 장난 아니더라."

12킬로미터를 뛰어본 적은 없지만 어쩐지 그 정도는 할 수 있을 것 같았다. 평소에 러닝으로 3킬로미터를 뛸 때 17분 남짓 걸리는 걸 생각하면 한 시간 조금 넘게 걸리겠다는 감이 왔다. 또 마침 한 팀이 네 명으로 구성된다고 하니 밥생각이라는 이름으로 뛰면 더 재밌겠다는 생각이 들었다.

"오케이 하자!"

"오케이! 참가비는 5만 원임!"

마라톤 참가에 5만 원이나? 하긴 사은품도 주고 행사 진행도 하고 교통 통제도 하려면 그 정도는 들겠다 싶었지만 당시 휴학생이었던 나에게 적은 돈은 아니었다. 그래도 이부장님을 믿었고 술값으로 5만 원은 쓰면서 마라톤에 쓰는 돈은 아까워하는 내 자신이 한심해서 바로 참가비를 결제했다.

✔ **목표: 친구들과 함께 12킬로미터 마라톤에 도전한다.**

적정한 속도를 유지해야 지치지 않는다

이부장님을 제외하고는 아무도 마라톤을 뛰어본 적이 없기 때문에 실전을 위한 연습이 필요했다. 일주일에 한 번씩 모여서 6킬로미터, 9킬로미터를 뛰어보자는 나름의 훈련 일정을 잡았다. 모임 장소는 당시 내가 살던 천호동 근처 한강공원으로 정했다. 풀코스 마라톤에 비하면 반도 한참 못 미치는 짧은 거리였지만 처음 도전해보는 마라톤이기에 다들 사뭇 진지했다.

목표는 1킬로미터당 5분의 속도를 유지하는 것이었고, 절대 중간에 쉬거나 걷지 않기로 했다. 약간 긴장한 채 1킬로미터를 여섯 번만 뛰면 된다는 생각으로 드디어 첫 훈련(?)을 시작했다. 처음부터 너무 빠르게 달리면 후반에 지칠 수 있으니 페이스 조절을 위해 러닝 어플을 깔고 속도도 측정했다. 군대에서 구보했던 기억을 떠올리며 이 정도는 거뜬하겠다고 생각했지만 오산이었다.

전역한 지 1년 반, 그동안 유산소 운동에 너무 소홀했던 탓일까. 혼자 설렁설렁 3킬로미터를 조깅하던 것과 달리 대회라고 생각하고 속도를 내다 보니 1킬로미터가 지난 시점부터 급격하게 힘들어졌다. 실제 마라톤이라면 지금까지 뛴 거리를 열한 번이나 더 뛰어야 한다는 건데 쉽지 않겠다는 생각에 덜컥 겁이 났다. 내가 힘들어하자 친구들은 페이스를 조금 늦춰주었다. 결국 적당한 속도를 유지하며 쉬지 않고 완주하는 걸로 목표를 바꿨다.

시작 지점부터 1킬로미터까지는 금방이었는데 그 후부터 2킬로미터까지는 한참이나 걸렸다. 게다가 2킬로미터 지점부터 복부에 통증이 오더니 호흡이 급격히 가빠지는 '사점'이 찾아왔다. 사점이 왔을 때는 페이스를 늦추거나 멈추지 않고 계속해서 달리면 통증이 사그라들고 호흡도 안정된다. 조금만 더 달리면 중간 지점인 3킬로미터에 도달하니 조금만 더 참고 달려보기로 했다.

다들 가쁜 숨을 내쉬면서 달리다 보니 잠실대교가 보였고 러닝 어플에서는 우리가 3킬로미터 지점에 도착했다는 알림이 울렸다.

'내가 뛰어서 잠실대교까지 오다니.'

아직 훈련이 끝나려면 3킬로미터가 남았지만 절반이나 왔다는 뿌듯함과 마라톤을 준비한다는 것이 그제야 실감나면서 마음이 설렜다. 이제 온 길을 되돌아 가기만 하면 되니 마음도 한결 편해졌고 어느덧 복통도 사라졌다. 컨디션을 조금 추스른 다음 카메라를 켜고 영상을 찍었다. 친구들은 멘트를 치는 것도 잊지 않았다.

"여러분, 마라톤 절대 하지 마세요!"

하여튼 크게 도움은 안 된다. 어쨌든 돌아가는 3킬로미터는 수월했다. 호흡이 안정되었고 제법 속도도 붙었다. 살랑살랑 부는 바람 덕에 덥지도 않았다. 바람에 땀이 날아가자 몸이 적당히 식으면서 느껴지는 상쾌함에 기분이 좋아졌다. 군대에서 억지로 뛰어만 봤지 자의로 이렇게 긴 거리를 뛴 건 처음이었다.

훈련을 마치고 친구들과 의기투합을 위해 캔맥주를 하나씩 사서 한강을 바라보며 마셨다. 캬, 천국의 맛이 따로 없었다. 마라톤 당일에도 딱 이 정도 페이스로 무사히 완주하고 꼭 맥주를 한잔하자는 약속과 함께 첫 훈련을 마무리했다.

며칠 뒤 주최 측에서 보낸 마라톤 키트가 도착했다. 폴딩

백, 양말, 티셔츠, 그리고 센서가 부착된 번호표가 들어 있었다. 나는 2-2116번이었고 '윤준'이라는 이름과 우리의 팀명인 '밥 생각'이 번호표에 적힌 걸 보니 심장이 쿵쿵 뛰었다.

일주일 후, 뚝섬 유원지에 모여 9킬로미터를 뛰기로 했다. 저녁에 만나서 다들 피곤해 보였지만, 마라톤 당일 무리 없이 뛰기 위해 훈련을 강행했다.

거리는 겨우 3킬로미터가 늘어났지만 체감은 그 이상이었다. 처음 뛰어보는 곳이라 어색하기도 했고 오르막과 내리막이 번갈아 가며 나와서 페이스를 조절하기도 쉽지 않았다. 사람이 많아 집중하기도 어려웠다. 특히 4.5킬로미터 지점까지 달린 이후로 급격하게 지쳐버렸다. '반이나 왔다'는 생각보다 '아직 반이나 남았나' 하는 생각이 강하게 들어 반환점을 돌기 전에 잠시 친구들을 불러 세웠다.

"나 왜 이렇게 힘드냐?"

"나도 힘들어 죽겠다."

"길 때문인 것 같은데 왔던 길 다시 가는 거니까 조금만 힘내자."

"그래, 대회 나가는 것도 아니니까 그냥 완주만 한다는 생각으로 스트레스받지 말고 재밌게 뛰자."

그래, 재밌게 뛰자. 처음부터 우리의 목표는 완주였지 기록은 어디 가서 비빌 정도가 아니었다. 그렇다면 즐기면서 뛰는 게 가장 좋은 방법이었다. 그렇게 생각하니 돌아가는 길이 한결 수월했다. 러닝 코스에는 사람이 많이 줄었고 우리는 카메라에 대고 아무 말 대잔치를 벌이면서 반쯤 정신줄을 놓은 사람들처럼 뛰었다. 그렇게 9킬로미터를 완주하는 데 약 한 시간이 걸렸다. 기록은 아쉬웠지만 목표한 9킬로미터를 완주했기에 그걸로 됐다고 생각했다.

드디어 마라톤 전날. 우리는 이부장님 자취방에 모여 다 같이 자고 마라톤 행사장으로 향하기로 했다. 행사 당일은 새벽에 비가 왔는지 살짝 습했지만 선선해서 달리기 딱 좋은 날씨였다.

출발 한 시간 전인 7시 30분. 이미 출발지인 여의도 공원에는 어마어마하게 많은 사람이 모여 있었다. 세상에 마라톤을 좋아하는 사람들이 이렇게 많다니. 현장의 열기는 뜨거웠고 축제 같은 흥겨움이 가득했다.

참가자들은 다 함께 스트레칭을 마치고 출발선으로 이동했다. 우리는 패기 넘치게 맨 앞에 자리를 잡고 카운트다운을 기다렸다. 기록에 너무 연연하지 말고 멋지게 넷이 함께 피니시라인을 통과하자고 다시 한번 목표를 되새겼다.

5, 4, 3, 2, 1, 출발!

5,000여 명의 함성과 함께 레이스가 시작되었다. 우리는 우리만의 페이스에 맞춰 기분 좋게 달려 나갔다. 터널을 지날 땐 소리를 지르는 것이 국룰이라며 흥을 돋웠고 구보하듯 번호를 붙여가며 뛰기도 했다. 이상하게도 12킬로미터를 달려야 한다는 부담감은 전혀 없었다. 일단 나를 둘러싼 모든 사람이 같은 결승점을 향해 달려가고 있었고 수천 명이 만들어내는 에너지 덕분에 힘도 들지 않았다.

그러다 4킬로미터쯤 지났을까. 무릎과 발목에 통증이 느껴졌다. 당시 몸을 키우기 위해 벌크업하며 식사량을 늘리고 하체운동을 많이 한 탓인지 평소에도 무릎과 발목이 조금 좋지 않았는데, 장거리를 달리다 보니 다시 무리가 간 듯했다. 꾹 참고 페이스대로 뛸 순 있었지만 그러다가는 크게 다칠 수도 있겠다는 감이 왔다.

잠시 식수대에서 숨을 고를 때 친구들을 불러 현재 상황을 이야기했다. 결국 무리하지 말자고 결론 내리고, 기록이 목표인 이부장님과 태혁이 그리고 완주가 목표인 나와 완식이 이렇게 두 그룹으로 나눠 천천히 뛰기로 했다. 네 명이 동시에 결승점을 통과하는 모습을 담지 못해 아쉬웠지만 인생이란 항상 내 뜻대로 되지는 않는 법 아닌가. 페이스를 조금 늦춰 달리자 호흡이 천천히 돌아왔다.

반환점을 먼저 돌아 치고 나가는 이부장님과 태혁이를 보니 다시금 자극을 받아 속도를 조금씩 높였다. 시끄러웠던 주변은 점점 조용해지고 거친 숨소리만 들렸다. 드디어 11킬로미터 지점을 지나 마지막 1킬로미터. 결승 지점의 앰프 소리가 어렴풋이 들려왔다. 스태프들도 더 열정적으로 참가자들을 응원했다. 피니시라인의 시간 기록이 보이는 순간, 막판 스퍼트를 냈다. 저 멀리서 이미 도착한 이부장님과 태혁이가 응원을 보냈다. '무릎이고 나발이고 저것만 통과하면 끝이다' 하는 생각으로 완식이와 냅다 뛰었다.

그렇게 내 인생 첫 12킬로미터 마라톤을 완주했다. 이부장님이 말한 완주의 쾌감이 바로 이런 느낌이었구나! 6킬로미터를 뛸 때, 9킬로미터를 뛸 때, 그리고 12킬로미터를 뛸 때의 힘듦과 고통은 전혀 생각나지 않았고 그저 지루한 싸움을 이겨내고 완주했다는 기쁨만이 나를 감싸 안았다.

인생은 포기하지 않고 끝까지 달리는 자의 것

비유적인 표현으로 '인생은 마라톤'이라고들 한다. 육상 경기 중에 가장 긴 거리를 달려야 하는 마라톤. 당연히 중간에 고비가 수도 없이 찾아오기 마련이다. 비록 12킬로미터라는 짧은 거리였지만, 이번 마라톤으로 나는 이 말이 '어쨌든 끝까지 포기하지 않고 달려가는 놈이 이기고, 인생은 그 달리기의 연속'이라고 결론 내렸다.

인생에 어떻게 우상향 그래프만 나타날 수 있을까. 오르막길과 내리막길을 겪고 내 뒤에 있던 사람이 나를 치고 나가는 경험을 수없이 반복하고, 또 어느 날은 내가 앞사람을 제치고 나가기도 한다. 그때마다 좌절하고 우쭐하며 순간의 감정에 휘말려서는 나의 페이스대로 결승점에 도착할 수 없다. 게다가 또 중간에 맞는 사점은 어떤지. 그 고통스러운 순간을 제대로 마주하지 않으면 평화로운 기분을 맛보지 못한 채 애매한 고통에 시달리며 계속 뛰어야 한다. 사점을 넘어 몸과 마음이 평온해지는 순간에야 비로소 바람, 풀냄새, 옆 사람의 숨소리 같은 게 느껴진다.

그런 지난한 과정을 거쳐 결국 페이스에 말리지 않고 내가 목표로 하는 결승점을 향해 달려가는 것이 인생 아닐까. 평소에 느끼기 힘든 엄청난 쾌감과 내 삶을 돌아볼 수 있는 가르침에 대한 값으로 마라톤 참가비 5만 원은 조금도 아깝지 않은 돈이었다.

마라톤이 끝난 직후, 온몸의 긴장이 풀려 친구들과 아무데나 주저앉아 이런저런 이야기를 나누었다. '이 맛에 마라톤 하는구나' 하는 간단한 소회를 나누며 땀을 식히고 나눠주는 이온음료를 원샷했다. 갈증이 심해서였는지 음료가 온몸 구석구석으로 퍼져나가는 게 느껴졌다. 에너지 보충용으로 나눠준 바나나도 한입 베어 물었다. 내 인생을 통틀어 첫 번째로 꼽힐 만큼 맛있었다.

우리는 메달을 목에 걸고 상기된 얼굴로 사진 몇 컷을 찍고 재빨리 상암 월드컵 경기장 1층에 있는 사우나로 향했다. 재빠르게 땀으로 젖은 몸을 씻어내고 나오니 몸이 녹아내릴 지경이었다. 조금이라도 에너지가 남아 있을 때 생맥주가 있는 식당으로 향했다. 그때 마신 생맥주는 마치 탄산음료를 마시는 듯 톡 쏘고 달콤하고 온몸이 저릿할 만큼 시원했다. 그러자 문득 궁금해졌다.

'풀코스 마라톤을 뛰고 마시는 생맥주는 도대체 얼마나 맛있을까?'

벌써 다음 도전 미션이 정해진 것 같다.

한국타잔의 도전일지

목표	12킬로미터 마라톤 완주하기
기간	3주
선정 이유	마라톤 유경험자 친구의 추천으로 다 같이 마라톤에 도전했다.
실천 방법	▪ 친구들과 함께 단거리 마라톤에 도전한다. ▪ 나는 12킬로미터에 도전했지만, 5킬로미터부터 하프마라톤까지 다양한 코스가 있으니 자신에게 맞는 것을 선택한다. ▪ 대회 전까지 좋은 컨디션을 유지하기 위해 미리 조금씩 거리를 늘리면서 훈련한다.
챌린지 키워드	▪ **페이스**: 마라톤이든 인생이든 페이스가 중요하다. ▪ **완주**: 천천히 가더라도 끝까지 달려야 한다. ▪ **사점**: 고통 끝에 평온이 온다는 것을 알게 되었다.

이런 분들께 추천해요

▪ 마라톤을 마치고 샤워 후 먹는 생맥주의 맛이 궁금하다.
▪ 친구들과 함께할 수 있는 도전이 필요하다.

한국타잔의 도전 꿀팁

▪ 나와 같은 초보자는 기록보다는 완주, 완주보다는 행복하게 달리는 것에 목표를 두는 것이 좋다.
▪ 뛰는 중에 통증이 심해지며 호흡이 급격히 가빠지는 '사점'을 무사히 넘기면 페이스가 안정된다.

22

다리 찢기 챌린지

실패를 겸허히 받아들이기

진행 기간: 한 달

때로는 '그냥'이 가장 좋은 이유니까

많은 분이 나를 자기계발 유튜버라고 불러주시는데 사실 나는 그저 한 번도 해보지 않았던 일에 '도전'하는 유튜버가 되고 싶었다. 나에게 없는 능력이 도전으로 하나씩 생겼으면 하는 바람과 시간이 지난 뒤에는 '꼭 필요하지는 않지만 못하는 게 없는' 유튜버로 기억되고 싶다는 이유였다. 그래서 문득 생각난 주제가 바로 '다리 찢기'다.

정말 뜬금없이 그냥 해보고 싶었다. 다리를 잘 찢는다고 삶이 더 행복해지는 것도 아니고 일상의 효율이 좋아지지도 않는다. 그렇다고 더 건강해지는 것도 아니다. 하지만 도전에 항상 이유가 필요한가! 내가 무용을 할 것도, 체조를 할 것도 아니지만 그냥 갑자기 삘이 꽂혀서 무작정 '찢어보자!' 하고 마음먹었다(혹시 모르지, 나중에 무용에 도전하게 될지도⋯⋯?). 그렇게 아무 이유 없이, 내가 생각해도 당황스러울 정도로 웃긴 한 달간의 다리 찢기 챌린지가 시작되었다.

✔ 목표: 한 달 동안 다리 찢기!

방법은 모르겠고 일단 찢는다!

우선 비포 앤드 애프터를 비교하기 위해 현재 얼마나 다리가 벌어지는지 확인하기 위해 카메라를 켜고 앉았다. '찢었다'라는 말이 무색하게, 다리를 조금 벌렸을 뿐인데 이미 한계라는 느낌이 왔다. 갑작스럽게 충격받은 사타구니는 그만 좀 하라는 신호를 보냈고 나는 조금이라도 더 찢어보려고 안간힘을 썼다. 온갖 곡소리를 다 내가며 노력했지만 20년 넘게 유지해온 뻣뻣함은 한순간에 바뀌지 않았다. 결국 다리를 벌리는 수준밖에 되지 않는다는 것을 확인한 채 첫 번째 녹화를 끝냈다.

DAY 1

다리를 얼마나 찢을, 아니 벌릴 수 있는지 확인.

284

나에게 '다리 찢기' 능력이 없다는 것을 확인했으니 본격적으로 훈련에 돌입했다. 유튜브에 '다리 찢는 법'을 검색했더니 여러 가지 방법이 나왔다. 그중 공통적으로 많이 언급되는 자세를 따라 해보기로 했다. 바닥에 앉아 발바닥을 맞대고 무릎을 서서히 눌러주는 자세였는데, 딱딱한 근육이 풀어지는 시원한 느낌이 들면서 유연해지는 듯한 쾌감이 들었다. 10분 정도 그 자세를 반복하고 다리를 찢어보자 어제보다는 조금 더 벌어지는 듯했다.

DAY 2

다리 찢기를 위한 기본 자세 연습.

셋째 날, 잠들기 전에 잠시 침대 앞에 앉아 훈련을 강행(?)했다. 어제 시작한 동작에 이어 유연성에 도움이 될 만한 자세들은 뭐든 따라 했다.

22 · 다리 찢기 챌린지

DAY 3

유연성에 도움되는 자세 훈련 돌입!

DAY 4

아악…… 으아아악…… 아악! 흑흑(눈물)

아직 이렇다 할 성과는 없었지만 언젠가는 멋지게 다리를 쫙 찢을 나의 모습을 상상하며 고통의 시간을 참아보기로 했다. 이번에는 요가에 도전했을 때 배웠던 몇 가지 자세들을 시도해보았다. 나름 5일 동안 계속 이런저런 자세를 반복하며 찢어대서 그런지 힘들긴 해도 유연성은 조금 나아진 것 같았다. 진전이 있을까 해서 다리를 찢어보았더니 확실히 처음보다는 수월했다! 오케이. 이대로만 계속하면 성공할 수도 있겠다는 생각이 들었다.

요가 자세 후 다리 찢기를 해보니 한결 수월했다!

수치로 상황을 확인하면 도움이 될 것 같아 공구함에서 줄자를 꺼내왔다. 다리를 찢은 상태에서 줄자를 빼고 고정시키느라 혼자서 난리 부르스를 쳤지만, 지금 내 유연성이 어느 정도인지는 정확하게 보였다. 다리 사이의 거리는 158센티미터에서 160센티미터 사이. 이제 매일매일 1센티미터라도 늘리면 언젠가 성공할 수 있을 것 같았다.

줄자로 다리 사이의 거리 측정.

아악! 어후⋯⋯

중간 점검차 훈련 없이 다리를 찢어보았다. 다리 사이의
거리는 170센티미터까지 늘었다. 이제 육안으로 보아도 첫날
보다는 훨씬 유연해져 있었다.

다리 사이의 거리 170센티미터!

실패가 아니라 도전하지 않는 것을 두려워하기

하지만 더 이상은 힘들었다. 눈으로도 확인할 수 있는 작은 변
화들이 생겼지만 너무 아팠다. 일단 시작한 도전이기에 꾸역
꾸역 하면서도 마음 한편에서는 '다리를 찢을 동안 다른 생산
적인 일을 할 수 있지 않을까?' 하는 생각이 들었다. 물론 다리
찢기도 성공한다면 아무리 하찮아도 하나의 업적이고 많은 사
람에게 동기부여도 되겠지만 다른 도전에 비해 간절한 마음이
들지 않았다. 그리고 무엇보다 아팠다. 특히 사타구니가 너무

아팠다.

그래서 과감하게 포기했다!

내 유튜브 채널에는 대부분 성공한 도전 영상들만 올라가다 보니 많은 분이 실패한 도전은 없는지 묻는다. 바로 여기 있다. 아무래도 공개된 곳에는 좋은 모습만 보이고 싶은 게 사람마음이기에 실패한 콘텐츠는 잘 업로드하지 않았다(이것 말고 중국어 회화 독학 도전도 끝까지 하지 못하고 중간에 포기했다). 평생 외장하드에만 묵혀놓을 뻔했지만, 1일 1영상 도전 중에 소재가 고갈되어 실패 프로젝트로 이 도전을 편집해 세상에 내놓았다.

다리 찢는 모습이 바보 같아 부끄러웠지만, 실패한 영상을 업로드하고 나니 마음이 한결 가벼워졌다. 이것저것 도전하다 보면 항상 무언가에 성공할 수는 없는 법이다. 3년 넘게 유튜브를 운영하며 그동안 너무 완벽한 모습만 보이려고 했던 건 아닌가 하는 생각이 들었다.

내가 구독자들에게 늘 외치는 말이 있다. 'Don't think, just do.' 이 정신으로 일단 하고 싶은 일을 시도한 것만으로 나에겐 큰 의미가 있었다. 실패한 도전도 콘텐츠가 될 수 있는 것을 보고 다시 한번 느꼈다.

'실패하는 것을 두려워하지 말고, 도전하지 않는 것을 두려워하자.'

구독자 한 분께서 '이번 영상은 곡소리 ASMR인가요?'라고 댓글을 남겨주셨는데 반박할 수 없었다. 고막을 지켜주지 못해 미안합니다.

한국타잔의 도전일지

목표	다리 찢기 챌린지
기간	10일
선정 이유	한 번도 해보지 않은 일에 도전해보고 싶었다.
실천 방법	▪ 한 달 동안 유연성을 길러 완벽하게 다리를 찢는다. ▪ 유튜브에 다리 찢기 방법 영상이 많이 있다. 그중 자신의 유연성과 맞는 방법을 찾아서 연습해보자. ▪ 수치를 재면 진행 상황이 명확하게 보인다.
챌린지 키워드	▪ **포기**: 그만두더라도 부끄러워하지 않아도 된다. ▪ **도전**: 의미가 없어도 도전한다는 데 의의가 있다.

이런 분들께 추천해요

▪ 색다른 도전을 해보고 싶다.
▪ 유연성을 기르고 싶다.

한국타잔의 도전 꿀팁

▪ 때로는 실패를 과감히 받아들이고 인정하는 자세도 필요하다.

23

1일 1영상 업로드하기

가장 나답게 위기를 극복한다

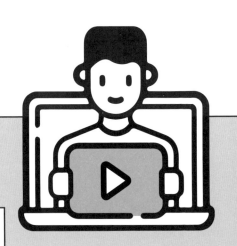

진행 기간: 한 달

앞으로 나아가지 않으면 뒤처질 뿐!

모든 일이 다 그렇듯 3년 동안 유튜브를 운영하면서 항상 채널이 성장하는 건 아니었다. 구독자 0명으로 시작해 1,000명이 되기까지 1년, 5만 명을 달성하기까지 또 1년이 걸렸다. 이상적인 시나리오라면 그다음 1년 동안은 10만 명이 되어야겠지만 매일같이 수많은 채널이 생겨나는 유튜브 시장에서 계속해서 구독자를 끌어모으기란 말처럼 쉬운 일이 아니었다.

구독자 5만 명을 달성한 후, 내 채널은 정체기에 빠졌다. 구독자가 오르기는커녕 떨어지지 않으면 다행이었다. 졸업을 앞둔 상황에서 취업 준비까지 하다 보니 전처럼 꾸준히 영상을 제작하기도 쉽지 않았다. 자연스럽게 업로드는 뜸해졌고, 구독자 유입 그래프는 점점 삼각형 모양에 가까워졌다.

나름대로 3년간 심혈을 기울인 채널이 이렇게 도태되는 것을 가만히 지켜보고 있을 수만은 없었다. 무언가 변화의 계기가 필요했다. 어떤 영상이 운 좋게 알고리즘의 축복을 받아 많은 사람에게 노출되는 것을 바랄 수도 있었지만 언제 어떤 영상이 선택될지, 아니 뭐라도 노출이 되기는 할지 아무도 모르는 일이었다. 운에 맡기기보다는 나의 노력으로 이 상황에서 벗어나고 싶었다.

'어떤 콘텐츠를 찍어야 할까? 어떤 도전이 이 상황의 돌파구가 될까?'

고민했지만 딱히 떠오르는 주제가 없었다. 그러다 문득 고민만 하고 있는 나를 발견했다. 한국타잔의 모토가 무엇인가. 'Don't think, just do' 아닌가! 고민은 고민만 낳을 뿐, 이럴 시간에 뭐라도 찍어 올려야겠다는 생각이 들었다.

'그냥 뭐가 되었든 일단 하자.'
'일단 영상을 만들자. 일단 영상을 많이 만들자.'
'그래, 한 달 동안 영상을 매일 만들어보자!'

그리하여 나의 '1일 1영상' 프로젝트가 시작되었다.

✔ **목표: 한 달 동안 매일 유튜브에 영상을 업로드한다.**

하루를 25시간처럼 쓰는 사람

최근 업로드가 뜸했으므로 프로젝트를 알릴 겸 어그로도 끌 겸 '드릴 말씀이 있습니다'라는 제목으로 공지 영상을 올렸다. 발랄한 비트에 맞춰 한 달 동안 매일 하나씩 영상을 만들어 올리겠다는 랩인 듯 랩 아닌 공지사항을 전달하자 구독자들은 기다렸다는 듯 나를 반겨주었다(그렇게 이 영상은 내가 좋아하는 영상 중 하나가 되었다).

그렇게 호기롭게 1일 1영상을 선언했는데, 문제는 그다음이었다. 도대체 무슨 수로 매일 영상을 하나씩 찍어 올린단 말인가. 마지막 학기라 시간 여유는 있었지만 영상 하나를 만들 때 보통 4~5일은 족히 걸렸으므로 제대로 계획하지 않으면 실패는 불을 보듯 뻔했다. 게다가 첫 영상 업로드 이후로 매일 아침은 아이디어와의 전쟁이었다. 적어도 오전에는 기획이 끝나야 오후에 촬영하고 편집해서 저녁에 업로드할 수 있었다.

콘텐츠 30개를 미리 기획해놓고 시작한 프로젝트가 아니었기 때문에 주제는 의식의 흐름을 따르기로 했다. 가령 이런 식이었다.

'나 지금 1일 1영상 시작한 걸 후회하나……? 후회? 그래 후회에 대한 콘텐츠를 찍어보자!'

그렇게 만들어진 두 번째 영상이 '1일 1후회 시작……?'이다.
처음에는 이렇게 해도 되는 건가 싶었지만 막연한 주제였던 것 치고 나름대로 기승전결이 있는 콘텐츠가 나왔다.

'키워드만 생각해내면 무엇이든 찍을 수 있겠구나!'

이때부터 내가 풀어낼 수 있는 키워드를 고민했다. 매일 업로드하는 걸 구독자들이 알고, 하루 만에 초고퀄리티의 영상이 만들어질 수 없다는 것도 누구나 알기 때문에 부담감을 내려놓고 원래 취지였던 '일단 만들고 보자'를 실천하기로 했다. 그러자 다양한 키워드들이 떠올랐다. 유튜버라면 한 번쯤은 해보는 'MBTI', 평소 많은 질문을 받은 '시간 관리법', 취업을 위해 준비 중이었던 'OPIc', 기생충에 나와 다시 이슈가 되었던 '짜파구리' 등 가볍고 흥미로운 주제가 많았다.
그렇게 아이디어를 조금씩 쌓아두고 매일 아침 마음에 드는 걸 하나씩 골라 무턱대고 찍었다. 어떻게 찍을지는 깊게 고민하지 않았다. 일단 카메라부터 켜고 느낌 가는 대로 촬영했다. 막상 해보니 하루 만에 영상을 만들어 올리는 게 가능했다.

그때부터 요령이 생겼다. 예전에는 대본을 쓰고 소스를 충분히 확보한 다음 고르고 골라 10분 내외의 영상을 만들었다면 이제는 키워드만으로 전체적인 구상과 영상 길이까지 그려져 최소한의 시간만 필요했다. 영상을 하루 만에 완성해야 한다는 생각에 집중력도 높아졌고 늘 쓰던 편집 툴임에도 매일 쓰다 보니 작업 속도가 점점 빨라졌다. 정말 아무 소재도 떠오르지 않는 날에는 내내 고민만 하다가 결국 '함께 책 읽어요'라는 제목을 달고 한 시간짜리 라이브로 영상을 대체하기도 했고 '실패 콘텐츠 방출'이라는 이름으로 예전에 실패했던 다리 찢기 영상을 가져와 편집해 올리기도 했다.

1일 1영상 챌린지가 끝나기 하루 전에는 '1일 1영상이 만들어지는 과정'이라는 짧지만 강력한 영상을 제작했다. 영화 기생충의 OST인 '짜파구리'에 맞추어 아침에 일어나 저녁에 업로드가 완료되는 과정을 임팩트 있게 담았는데, 영상을 함축적으로 담아내려니 긴 영상보다 오히려 더 어려워 시간이 오래 걸렸다. 결국 밤 12시를 넘기고 다음 날 새벽 1시가 다 되어서야 업로드했다. 제시간에 올리지 못한 걸 아쉬워하고 있는데 한 구독자분께서 아쉬움을 싹 날려주는 정말 잊지 못할 명댓글을 남겨주셨다.

그렇게 개인적인 사정으로 빠진 3일을 제외하고 총 27개의 영상을 제작했다.

- 드릴 말씀이 있습니다.

- 1일 1후회 시작…?

- 시간관리, 이거 한 번 써보세요

- MBTI검사

- 다섯가지 모닝 루틴

- 함께 책 읽어요

- 타잔바디프로젝트

- [절친토크] 한국타잔의 실체를 밝혀드립니다

- 하루 브이로그

- 미니멀리즘 5개월 후기

- [실패 콘텐츠 방출] 다리 찢기

- 구독자님 100분께 보내는 브이로그

- 서울 가는 길

- 이틀 동안 영어만 쓰기
- 부채살 짜파구리 ASMR
- 내가… 노란딱지라니…
- My lazy Weekend
- 오픽 성적 언박싱
- 3주 동안 1일 1영상을 하면서 느낀 점
- 마약 토스트 먹방
- 여러분은 행복하신가요?
- 한 달 동안 1일 1 클래식
- 왓츠인마이백
- 스포츠 서울 인터뷰
- 금연 6개월 차
- 1일 1영상이 만들어지는 과정
- 한 달 동안 1일 1영상 해보았습니다

한계를 뛰어넘게 하는 몰입의 힘

유튜버로서, 그리고 도전하는 사람으로서 이번 도전은 무엇보다 더 큰 성취감이 몰려왔다. 완전히 새로운 목표를 세우고 한 달 내내 매달려 성과를 낸 건 이번이 처음이었다. 1분 1초를 쪼개가며 어떤 영상을 만들지 고민하고 제작하다 보니 나의 모든 정신이 유튜브에만 집중되었다. 그 와중에 마지막 학기를 보내며 자격증 시험도 준비하는 등 예상과 달리 나에게 주어진 일들을 막힘 없이 잘 해냈다. '몰입의 힘'은 정말 대단하다는 것을 느꼈다.

도전 전후로 구독자 수는 거의 달라지지 않았다. 처음 목표로 세운 구독자 정체기를 뚫어내진 못한 것이다. 그래도 괜찮았다. 나는 이번 도전으로 훨씬 많은 것을 얻었다. 스스로에게 한 가지에 빠져들 듯 몰입하는 집중력을 발견했고, 영상 제작 스킬도 한 단계 업그레이드되었다. 하루에 하나씩 영상을 만들면서 훨씬 높은 퀄리티의 영상을 만들어낼 수 있다는 자신감도 생겼다.

살다 보면 슬럼프에 빠질 때가 얼마나 많을까. 나는 이번 도전이 유튜브가 아닌 다른 일에서도 위기를 헤쳐나가는 지혜를 알려줬다고 생각한다. 내게 만약 다른 정체기가 찾아온다면 딱 한 달 정도 그 문제 해결에만 매달리는 시간을 가져보려 한다. 눈에 보이지 않을지언정 그 한 달은 자양분이 되어 언젠가 크고 아름다운 성공이라는 열매를 가져다줄 것이다.

물론 1일 1영상은 두 번 하라면 못 하겠지만 말이다.

한국타잔의 도전일지

목표	1일 1영상 업로드하기
기간	한 달
선정 이유	유튜브 채널 침체기를 극복하고 싶어서
실천 방법	▪ 하루에 영상을 하나씩 제작해 유튜브에 업로드한다. ▪ 주제는 무엇이든 상관없지만 하루 안에 기획 및 편집을 모두 해야 하므로 복잡한 주제는 피하는 것이 좋다. ▪ 기획, 촬영, 편집에 드는 시간을 자신에게 맞게 미리 확보해두는 것이 중요하다.
챌린지 키워드	▪ **무모함**: 때로는 막무가내 정신이 용기를 준다. ▪ **한 달**: 한 달이면 슬럼프를 극복하기에 충분하다. ▪ **성공**: 불완전하더라도 도전했다는 것이 이미 성공이다.

이런 분들께 추천해요

▪ 몰입의 힘을 느끼고 싶다.
▪ 유튜브를 운영하고 있고 단기간에 성장시키고 싶다.

한국타잔의 도전 꿀팁

▪ 도전을 시작하기 전에 미리 30개의 키워드를 뽑아두면 편하다.
▪ 완벽해야 한다는 부담감은 내려놓자. 적절한 영상을 만들지 못했다면, 책 읽기 ASMR이나 구독자과 함께하는 라이브 등으로 대체해도 괜찮다.

STEP 4
한국타잔의 도전 PICK!

가장 추천하는 도전 TOP 3

▶ 3위 매일 같은 옷 입기

아침마다 무엇을 입을지 고르는 일은 생각보다 큰 고민거리다. '나는 마크 저커버그다' 생각하고 옷장을 같은 옷으로 채워보자. 삶이 단순해지는 놀라운 경험을 할 수 있다. 생각보다 사람들은 내가 어떤 옷을 입는지 크게 관심이 없으니 너무 걱정하지 말자.

▶ 2위 매일 일기 쓰기

내가 어떤 사람인지 알아보는 가장 간단하고 효과적인 방법이 바로 일기를 쓰는 것이다. 장황하게 쓸 필요도 없다. 오늘 겪은 나의 하루, 지금 나의 감정, 내 머릿속의 생각들을 간단히 기록해보자. 그리고 한 달 뒤에 일기장을 들여다보면 미처 알지 못했던 나의 새로운 모습을 발견할 수 있다.

▶ 1위 6시 기상

지금의 한국타잔을 만들어준 첫 도전이자 주도적인 삶의 기쁨을 일깨워준 소중한 도전이다. 사실 6시든 7시든 상관없다. 중요한 것은 하루의 시작인 '아침'이라는 열쇠를 내가 쥘 수 있어야 한다는 것이다. 잠과 사투를 벌이며 허겁지겁 시작하는 하루에서 벗어나 정해진 시간에 규칙적으로 일어나 여유로운 마음으로 아침을 맞이해보자. 나의 하루를 내가 직접 통제할 수 있는 것만으로도 벅찬 기쁨을 느낄 수 있으리라 장담한다.

가장 힘들었던 도전 TOP 3

▶ 3위 커피 마시지 않기

커피를 마시지 않는다는 것은 흡사 충전기 없이 스마트폰을 쓰는 것 같았다. 당장이라도 한 모금 마시고 싶은 유혹의 순간들이 많았지만 한편으로는 지나치게 카페인에 의존하고 있다는 사실을 깨닫는 계기가 되었다. 역시 무엇이든 '적당한' 것이 좋다.

▶ 2위 일주일 1일 1독

독서 습관이 잡혀 있지 않아 책을 즐긴다기보다 해치우기 바빴다. 하루 종일 책 읽기 외에 다른 일을 하는 것이 불가능할 정도였다. 그동안 얼마나 책과 멀어졌는지 절실히 느꼈다. 이 도전이 있었기에 지금은 꾸준히 책과 썸을 타며 행복한 독서 라이프를 즐기고 있다.

▶ 1위 복근 만들기

어느 헬스 트레이너의 말이 떠오른다. "고객님은 왜 25년 동안 먹은 걸 한 달 만에 빼려고 하세요?" 그 어려운 걸 내가 해냈다. 솔직히 말하면 무모했다. 단기간에 과도하게 체중을 감량하는 것은 건강을 해치기 때문에 절대 추천하지 않는다. 다만 의지박약인 줄 알았던 나에게 이 정도의 의지가 있다는 것을 확인할 수 있었던, 가장 힘들었지만 가장 기억에 남는 도전이다.

변화를 만드는

한 번의 작은 성공

2020년 10월, 도서 출간 제안 메일을 받았습니다. 많은 유튜버가 책을 내는 것을 봐왔지만 글을 써본 적도, 전문 지식도 없는 제가 책을 낸다니요. 유튜브에서 한 것이라고는 고작 몇 번의 도전뿐인데 이걸로 책을 쓸 수 있을까 싶었습니다. 그럼에도 언젠가 한 번쯤은 책을 내보고 싶다는 막연한 꿈이 있었기에 편집자님을 만나보기로 했습니다. 그분께서 저에게 건넨 출간 기획안을 보고 깜짝 놀랐습니다. 지금까지 제가 해온 일상 속의 작은 도전들이 20개가 넘게 나열되어 있었으니까요. 이렇게 많은 도전을 해왔다는 것을 그날 처음 알았습니다. 그리고 출간에 대한 저의 의심은 확신으로 바뀌었습니다.

처음부터 이렇게 많은 콘텐츠를 쌓을 생각은 없었습니다. 흐트러진 일상을 바로잡고자 한 달 동안 6시에 일어나보기로 마음먹었고 당장 다음 날부터 바로 실천했을 뿐입니다. 그리고 저의 의지대로 6시에 일어나는 한 번의 작은 성공은 어떤 일이든 '일단 하면 된다'라는 큰 깨달음을 안겨주었습니다. 그 이후로는 매일 일기 쓰기, 매일 계단으로 다니기, 12킬로미터 마라톤 완주하기, 커피 끊어보기처럼 인생에 변화를 줄 수 있는 작은 도전들에 과감하게 뛰어들었죠.

그동안 수많은 자기계발서를 읽었지만 저의 삶이 거의 변화하지 않은 것은 아마 책장을 덮은 뒤 반드시 따라와야 하는 '실천'이 없었기 때문일 것입니다. 혹시 이 책을 읽으며 '나도 한 번 해볼까?' 하는 마음이 든 적이 있으신가요? 그렇다면 이것저것 생각하지 말고 지금 당장 실천해보세요. 한 번의 작은 성공이 여러분의 삶에 큰 변화로 이어지길 진심으로 기원합니다.

Don't think, just DO!

나의 도전에 영감을 준 책들

《나는 단순하게 살기로 했다》, 사사키 후미오, 김윤경 역, 비즈니스북스, 2015.

《나의 하루는 4시 30분에 시작된다》, 김유진, 토네이도, 2020.

《돈의 속성》, 김승호, 스노우폭스북스, 2020.

《미라클 모닝》, 할 엘로드, 김현수 역, 한빛비즈, 2016.

《시작의 기술》, 개리 비숍, 이지연 역, 웅진지식하우스, 2019.

《12가지 인생의 법칙》, 조던 B. 피터슨, 강주헌 역, 메이븐, 2018.

《5초의 법칙》, 멜 로빈스, 정미화 역, 한빛비즈, 2017.

《요가 매트만큼의 세계》, 이아림, 북라이프, 2018.

《절제의 성공학》, 미즈노 남보쿠, 류건 편, 바람, 2013.

《타이탄의 도구들》, 팀 페리스, 박선령·정지현 역, 토네이도, 2020.

《하루 5분 아침 일기》, 인텔리전트 체인지, 정지현·정은희 역, 심야책방, 2017.

유튜브 채널 '마인드풀tv'

나는 매일 작은 성공을 합니다

무기력한 삶을 변화시키는 도전의 힘

초판 1쇄 2021년 12월 20일

지은이 | 윤준

발행인 | 문태진
본부장 | 서금선
편집 2팀 | 임은선 이보람 **편집** | 조유진 **디자인** | 형태와내용사이

기획편집팀 | 한성수 박은영 허문선 송현경 박지영 **저작권팀** | 정선주
마케팅팀 | 김동준 이재성 문무현 김혜민 김은지 이선호 박수현 **디자인팀** | 김현철
경영지원팀 | 노강희 윤현성 정헌준 조샘 최지은 조희연 김기현
강연팀 | 장진항 조은빛 강유정 신유리

펴낸곳 | ㈜인플루엔셜
출판신고 | 2012년 5월 18일 제300-2012-1043호
주소 | (06619) 서울특별시 서초구 서초대로 398 BnK디지털타워 11층
전화 | 02)720-1034(기획편집) 02)720-1024(마케팅) 02)720-1042(강연섭외)
팩스 | 02)720-1043 **전자우편** | books@influential.co.kr
홈페이지 | www.influential.co.kr

ISBN 979-11-6834-007-7 (03190)